いじめ・自殺ストップ作文集

国書刊行会

もくじ

第二章　成人の部

もくじ

はじめに

「日本はどうしてこんな国になってしまったのでしょう」――こんな声があちこちから聞かれるようになりました。少子化社会といわれて久しい昨今、ほとんど対策らしいものもなく、あちこちで人手不足が叫ばれ、二年に一度、鳥取県のそれとほぼ同じ数の人口が減っているのが現状です。国連が毎年発表している幸福度のランキングでも、七回目となる二〇一九年は世界の一五六ヵ国を対象に調査をした結果、日本は二〇一八年の五四位から四つ順位を下げ、五八位だったといいます。

豊かな環境で子供達が育つならいいのですが、子供達の貧困も七人に一人の割合といいますから、ただごとではありません。さらには児童の虐待件数も年々増えて、二〇一七年度は一三万三七七八件（前年度比一万一二〇三件増）と公表されました。大人の自殺は減っても、子供の自殺は増えつつあり、また近年、発達障害というこれまで日本では語られてこなかった障害の問題がクローズアップされています。加えて、京都アニメーションの事件のような傷ましい殺人事件も頻繁に起き、このような事件にいつ巻き込まれないとも限らないという不安が、国民の中にあるのではないでしょうか。

私達、再チャレンジ東京・いじめ自殺防止国民運動本部は、何が原因でこうした国になったのか、その解決の方法はないのかと、日々議論を重ね、首都圏の小・中・高等学校での道徳特別授業など、様々な活動に従事しております。

この本は、その活動の一環として当NPOが毎年行っている「いじめ・自殺防止作文コンクール」の優秀作品をまとめたものです。本書に収められた作文の数々には、大人から子供まで、自分で体験したいじめの実態と、その当時の思いや解決への希望が赤裸々に綴られております。いじめとはどんなものなのか明確に知りたい保護者の皆様や先生、そして今自分がいじめの当事者かもしれないと悩まれている方にも広くお読みいただき、深刻化しているいじめと自殺の防止の一助となれば幸いです。

いじめ・自殺防止国民運動本部
NPO法人再チャレンジ東京
理事長　**平林朋紀**

講評に代えて

増え続けるいじめ
——多角的な立場から

ノンフィクション作家　谷合規子

二〇一八年度、小中高校のいじめの数は、過去最高の五四万三九三三件に上り、前年度より三一%増となり、被害に苦しむ子供達がどこまで増えるのか暗然たる思いにかられました。文科省はこの増加について、「学校が、積極的にいじめを認知した結果」として、むしろ肯定的に評価しているということにさらに驚きます。

学校現場では、いじめをゼロと教育委員会に報告をすると、事態を見落としているはずだとして、再調査を求められたという声も聞きますから、驚いてばかりもいられません。隠蔽のベールがいくぶんはがされた結果というのですから、問題解決への取り組みはこれからです。

大津の中学二年生の自殺事件を機に、国が二〇一三年にいじめ防止対策推進法を施行して五年になりますが、私たちＮＰＯ法人「再チャレンジ東京」はそれより早い二〇一一年六月に、「いじめ・自殺防止国民運動本部」を立ち上げ、同推進法の施行を国に働きかけてまいりました。同時に様々な角度からこの問題に取り組み、「いじめ、自殺防止のための作文コンクール」もその一環として二〇一四年にスタートし、現在まで活動を続けております。毎年開催されるコンクールの授賞式では、いじめがどれほど子供の心を傷つけ、生きる力を奪っているか、彼らの生々しい叫びに耳を傾けると同時に、その防止のために、大人も子供も知恵を出し合い、提言をつづけてまいりました。

【特別篇】先生のいじめ

先生のいじめには、先生同士のいじめと、先生による児童生徒に対するいじめが考えられます。二〇一九年九月、神戸市須磨区の常軌を逸した教師間のいじめには、日本中が震撼しました。この事件が報道されるより前に、北海道の村山健さんと石川県の大脇草平さんの二人の中学生から、教師のいじめに苦しむ体験が寄せられました。

いじめる相手の先生を村山さんは、「あの人」と呼び、大脇さんはたった一度だけ、「原因である人」と表現して、生徒の立場を意識し、抑えた筆致で、その概要を綴っています。二人の苦悶する姿が痛々しく、胸をえぐられる思いで読ませていただきました。

追い詰められ、自殺まで考えた両君は、幸運にも理解ある家族や、尊敬できる大人たちに励まされて、苦境を脱することができました。さらに彼らは健気にも、同じように苦しむ仲間を思いやり、「絶対に自分で命を落とさないように」とエールを送っています。

教員を通して報告される文科省の調査では、この種のいじめは当然ながら隠蔽されて、数に入るわけもありません。もとより、いじめ防止推進法では、いじめを児童生徒間のものと定義していますから、彼らのような事例は、いじめとして把握されることもありません。法を制定する段階で、教師が教え子の児童生徒をいじめることなど想定外だったのでしょう。

このような作文が多く寄せられるのも、児童生徒や教師が、教育委員会、文科省を通さずに、ストレートに応募できる私どもの国民運動本部の作文コンクールだからこそで、我田引水のようですが、その存在意義を改めて痛感しているところです。なお公表は匿名可能ですが、原稿は実名を原則としています。

【第一章】児童・生徒の部門

「いじめ、自殺防止のための作文コンクール」児童・生徒部門の応募作は、自らのいじめの体験を綴ったものと、いじめについて心を痛め、何とか解決したいと論を進めるものと、大きく二つに分かれます。

特別篇の、先生からいじめを受けたお二人と同様に、山本桜子さんの作文は前者に属し、転校した小学五年生と高校の時に、クラスの仲間のいじめにあった体験を綴っています。

高校生の田畑梨紗さんも、いじめを克服した小学生のころを振り返り、もしあの時、立ち直れずに自殺したら、それを理由に自分をいじめた子がいじめられ、いじめと自殺の連鎖が起きたかもしれないと気づきます。

小学校六年生のＩ・ＳさんとＫ・Ｙさんの応募作は、ともに最年少ながら後者で、いじめをなくすために大事なことは何かを真剣に考え、家族や友達と良い関係を続けるために、自分にできることを積極的に実行していきたいと、まっすぐに訴えています。

中学校三年生の穴田悠人さんも、同じく後者の立場で、三百件にのぼる中高校生の自殺を看過できず、二つの制度を提案しています。

【第二章】成人の部

「パート１」——いじめをふりかえる大人たち

子供の頃いじめられた自らの体験にふれながら、その連鎖を断つための方策に言及している成人の作品を「パート1」におさめました。子供の頃のいじめは中学時代のものが大半を占めていて、そのリアルな表現に、人がいじめられた当時のことを伝えられるようになるまでには、長い時間がかかることを示唆しているように思いました。傷が癒えることなく、その後の人格形成に影響し、成人後もその傷に苦しむ人は少なくありませんが、苦しみをバネに立ち直り、次代の子供達に「いじめに負けるな、同じいじめをくりかえしてはならない」と訴えていて、勇気づけられます。

中学時代にいじめられた様子を巧みな表現力で描いた二木洋一さんもその一人で、大学生になって、あの地獄が人格形成に有利に働いたと思えるようになり、筆を執っています。

Kさんは、小学校四年生の時、貧しさゆえにあったいじめと、中学時代に「死ね」と机に書かれたいじめの経験が、今の医療福祉系の仕事につながっているのではと、複雑な思いにかられながらも、いじめられている人へ、絶対に死なないでと訴えています。

中学校二年生でいじめを受けた永瀬文奈さんは、勇気を出して部活に顔を出すと、友達の方から謝ってきたといいます。その友達とは今も仲良しで、いじめた側も大きい傷を背負っていることを知ります。

たかこさんは、遺書を書いていると家族の顔が浮かんできて、母に相談することにし、担任にも話すことになりました。先生の涙を見た時、自分を大切に思ってくれる人の存在に気づき、遺書を捨てることができました。

いじめを受け、保健室登校になった上村知世さんは、通信制に切り替えて高校を卒業しましたが、自殺未遂をくりかえし、「精神障害者」のレッテルを貼られ、社会人になっても仕事で差別を経験しています。二十八歳で自立を目標に、表題のようにゆっくり進もうとようやく決意をしたところです。

皮膚の難病で、フォークダンスで手をつないでもらえなかった菅野ますみさんの場合は、ご子息が同じ難病で不登校になってしまいます。ハンディのある子に向かって、「社会に出たらもっと厳しい」「甘え」「特別扱いはできない」と周囲の眼は厳しいですが、そもそも子供はいじめに強くなる必要があるのだろうか、と自らの経験を生かして、いじめがなくなるよう発信を続けることが使命であると力強く訴えています。

浅木美雪さんは小学校二年生の時の転校でひどいいじめにあい、高校を出るまでの学校生活は暗いものでした。社会人になって素敵な男性が現れ、人が変わり、結婚もして、「いじめや自殺に勝った」と宣言し、原稿を送ってくださいました。

幼いころからひ弱で、小学校も休みがちだった平林利康さんは、女の子にもいじめられるほどでした。社会人になってからリストラにあいましたが、この時、障害者や弱者を思い、介護用品の会社を設立できたのも、いじめにあった体験を活かせたからと回想し、いじめをバネにして生き抜くことの大切さを訴えています。

我が国の自殺者は年々減少しているなかで、子供の自殺は過去最多となり、二〇〇六年の自殺率が一〇万人に一・二人だったのが、二〇一八年は二・五人まで上昇しており、事態はいっそう深刻になっています。

「パート2」——指導者からの提言

いじめを解消するため、あるいは発生を未然に防ぐため、学校現場で活躍する先生方からも専門的な提言が寄せられました。

大坪仁先生は、「いじめる側は、相手をダメ人間扱いするのが常套手段で、決して自殺はしない。従って、いじめられても決して自信をなくさないこと、自分を信じ、何があっても命を捨ててはいけない」と力説します。そのために、大事な二点が記されています。

西野正信先生はいじめが横行する学校に赴任し、カウンセリングで、いじめられた子が元気を取り戻しますが、実は加害側も深刻な家庭問題を抱えていることが判明。子供の事情も知らず、教師が表面的な圧力をかけるだけでは、いじめは解決しないと訴えています。

「夕焼けに涙する子はいじめをしない」。情緒豊かなこの題名こそ、上藤浩治先生の信念で、長年教育にたずさわった結論です。感性を育てるための三点があげられています。

小川正人先生は、いじめを出さないよう、ソシオメトリック、ロールプレイ等の方法で、学級づくりを心掛け、さらに大学院で研究をして、専門的な提言をしています。

ニュージーランドで幼児教育にたずさわるダロック和泉先生は、「静かで恥ずかしがりで従順な日本の子が、なぜ自殺に追いやるほど深刻ないじめを?」と疑問を投げ、ゆとり教育が見直されている今こそ、日本の文化にあった新たな指針が必要だと提起しています。

「パート3」——大人の職場のいじめと対策

いじめは、子供の世界だけで起こるのではありません。働く大人のメンタル不調や自殺をなくすことは、会社にとっても、従業員の健康管理や経営的な観点からも不可欠です。パワハラ防止を義務付ける法律が二〇一九年五月に成立し、企業はパワハラ、セクハラへの対応を義務付けられることとなりました。

幸岡由美さんは、二十年前に職場でいじめを受けた経験を綴り、いじめが解決してからもトラウマを抱え、「自分の心と命だけは大切にしてほしい」と訴えています。

職場のハラスメント防止に力を注いできた保坂剛さんは、社内の衛生委員会の全国担当者として活動し、国家資格の衛生管理者を何人も育成してきました。「職場ハラスメントのない会社」「健康経営を推進していく会社」の発展を期待しています。

【第三章】学校現場で

いじめ作文を朗読し、児童生徒に訴える

私ども「いじめ自殺防止国民運動本部」では、皆様から寄せられた貴重な作文を、児童生徒の前で朗読して、「命を守る特別授業」を展開しています。これまでに、都内四〇校以上、のべ一万人の小中学生と保護者が受講しております。

いじめられた生の体験を聞いた子供達からは、多くの感想が寄せられており、今後もいじめをなくし、命をまもるために、出張授業を展開していきたいと考えております。

「いじめ・自殺防止」をテーマとした私どもの作文コンクールには、年齢性別を超え、教師、児童生徒等、あるいは海外から、多角的な立場、多様な体験、提言等をお寄せ頂いております。これらは単に作文というより、作品、提言、論文という方がふさわしいものが多く、コンクールとして、優劣を競うのはなじまないと、そのつど感じております。

今後も作文コンクールに多くの方々のお声を寄せていただけますよう、併せて本書のご感想等もお聞かせ下さいますよう、お願い申し上げます。

お問い合わせ、お申し込みはNPO法人「再チャレンジ東京」
✉ nposai@1226.or.jp
☎ 090-3069-6920
随時申し込み受け付け中！

第七回を迎える感慨を込めて

音楽家・NPO法人再チャレンジ東京企画室長
高谷秀司

全国いじめ・自殺防止国民運動の展開の中で、いじめ・自殺防止に関する作品の公募を始めたきっかけは、前東京都知事 石原慎太郎氏から、自殺防止運動の一環として制作された映画『STILL ALIVE 大震災の超克・生命の輝き』のサウンドトラックのオファーを受けたことだった。結果的に私はこの映画の総合プロデュースを手掛け、試写会は議員会館で行われ、DVDは十万枚以上世に出ることとなった。

しかし、映画を見ない人は見ない。見ても死ぬ人は死ぬ。ここに、切なる無力感があった。

どうすれば、自殺防止という本儀を果たせるのか。

そもそも人は、なぜ自殺するのか。死を選ぶ人の本音は、その理由は、何なのか。

思えば現代社会には、情報を発信する手段がSNS等数限りなくある。その反面、本当のことを言えない社会でもある。おまけに、表層的な情報や誤った情報は、大手を振って横行している。

人に言えない本音を吐き出せる場所ってあるのか。

自分ひとりで抱え込んでる痛みや哀しみを吐露できる場ってあるのか。

そんな場所がないなら、その場所になろう。本音を引き受ける場所。それが、NPO法人再チャレンジ東京だ。審査なんて発想は、毛頭なかった。本来あるべき自己表現の発露。

その手段として、まず手始めに漫画から公募を始め、松本零士氏の協力を仰いだ。快諾を受け、審査というよりは、作品を通しての心の痛みの共有が始まった。

第二回は作文。漫画よりもっと赤裸々に語られる生き様。痛みの共有から、困難や、いじめを乗り越えるやり方の共有。立ち向かう方法の共有。続く第三回も作文。膨大な数の応募があった。第四回以降は、様々な自己表現の選択肢を広げていった。標語、ポスター、ゆるキャラ、楽曲。

常に審査している側が審査されている心持ちで、白刃の上を歩いてきた。

回を重ねるうちに、これらの表現の実相と、命を守る道徳の授業との共通点に気づかされた。どちらも、本来人が持つべき自由闊達で、活力にあふれた魂を、自然体で持っているのだ。

公募作品と向き合うことも、直に児童と接することも、苦しみや、心の痛みを乗り越える時の大いなる勇気や試練を克服する志を共有すること——つまり、お互いの人としての良心の共有であると感ずる。

そしてこれを継続していくことは、絶対に必要だと確信している。

これからも、つながりの中での共有の輪を広げ続けていきたい。

下記QRコードより、公募キャンペーン楽曲部門の入賞作、作文部門入賞作の朗読をお聞き頂けます。

特別篇

先生のいじめ

学生の部──松本零士賞

真実を見つめて

中学二年

村山　健

「お前みたいな根性なし、将来ろくなものにならない。もう学校に来るな」この言葉が今も頭の中を駆け巡る。十二歳の春、腹痛で前屈みになり、保健室へ入ろうとしていた僕の腕を鷲づかみにし、あの人（小学校三年生時、六年生時の担任）が言った。それは冷たく胸に突き刺さった。心が折れた瞬間だった。

小学校に入学して以来、心ない言葉や行動に悩まされてきた。周りでは、都合の良い子供に変身するクラスメイト達。僕の正義も言動も都合の良い言葉に変えられてしまい悔しかった。しかし、前向きに頑張ってきた。真実は暗闇に消えそうになっても、いじめの渦に負けず、正しい道を歩んできた。

良い先生に出会ったこともあった。真剣に向き合ってくれた先生もいた。また、あの人が担任になった三年生の時も、落ち着かなかったクラスの数人が厳しい指導で少し静かになり、その厳しさに感謝した時もあった。しかし、学年が上がるたびに何か違和感を感じていった。自分達で解決しなさいと口にし、厳しさや怖さで問題の多い子供達や、甘やかしで育った子供達を押さえつけていると感じた。楽しいはずの給食時間も恐怖の時間へと変わった。僕は見た。ソースかマヨネーズかは分からないが、生徒の口に無理矢理流し入れていた姿を……。僕は何度も言われた。

「感想文で賞を取っているくせに、そんなことも分からないのか……」

三年生の恐怖の国語の時間、誰もがあの人の質問に挙手しない時は、僕に矢を向けられたのを覚えている。他にも自分より上の賞を受賞している生徒が数人いたのに、どうして自分だけがそんなことを言われたのか分からなかった。在学中クラスメイトやその母親達から、悪口や悪評が聞こえていたが、六年生になり僕は一年間の辛抱だと思いながら耐えた。ただ母には、年に一、二度クラス内で受けていたいじめを伝えてもらったことはあったが、あの人の対応は僕達の前で見せる姿ではなく、都合の良い言葉に変えられてしまっていたのではないだろうか。今ならそう思えるのだ。

六年生の春から多くなった、あの人の言葉の暴力は、まるで水紋のように周りの子供達へ冷たい連鎖を繰り返し、僕を苦しめていった。また、小学校最後の入学式の次の日にあの人が言った。

「弱虫、泣き虫、いくじなし、お前なんか将来失業者になる……」

僕は学校で泣いたこともなければいじめが原因で休んだこともない。なぜなら幼少の頃より僕を本の世界へ導いてくれた母のお陰で読書が好きになり、たくさんの本を読み、学んでいたことがあったからだ。世界には学校に行きたくても通えない子供がいる。貧しさや苦境の中、必死に生き抜こうとする子供達がいる。良い書物との出会いが僕の心を強くした。だから学校を休みたくなかった、どんなことがあっても……。

都合の良い子供に変身したクラスメイトのいじめと、あの人の暴言。今より小さかった僕には毎日学校へ行くのが必死だった。風船のようにふくらむ彼らの言動に負けたくない気持ちはあったが、心は身体に表れた。年に一度位の割合で利用した保健室を、春以降頻繁に利用するようになった。突然めまいや腹痛、時には吐き気が始まった。僕は我慢強い方なので、あの人も大したことないように思っていたのか、症状が起きた時、電話するようにお願いしていた母や僕の連絡に、分かったと言っておきながら、数回流された。

五月のある日、一度保健室で休んでいた時、あの人が僕と保健の先生の前でこう言った。

「……先生がプレッシャーかけちゃってるかな…」

その後、部屋を出ていったが、保健の先生が驚いたように優しく僕に尋ねた。

「今先生が言ってたけど、プレッシャーかけられているの」

僕の気持ちは複雑だったが、痛みと悔しさで、「いいえ」と答えてしまった。うなずいてしまったら、次に何を言われるのか、何をされるのか怖かった。あの人が保健室へ立ち寄り、少し休んで様子を見ようということにされたが、もしかすると家へ連絡したくなかったのではないかと思う。自分が原因だと分かっていたはずだ。

学校に来るなと言われたあの日も、朝から腹痛が襲っていた。波のように痛さに強弱があったが、朝の体育の授業は見学を交えながら頑張った。マラソンは六年間、自主的に力を入れグラウンドを誰よりも走った記録を作っていて、廊下にその記録が掲載されていた。それより少し前に行われた運動会の入場行進前にも皆の前で罵倒された。その言葉によっていじめの連鎖がまた始まった。行進時、母達は僕の様子がおかしいと察知していたようだった。顔色が真っ青だったと言ってくれた。昼食時、腹痛で痛みに堪える僕の姿を見ていた周囲の父母達は、あの人が原因ではないかと伝えてきたが、母は腸の病気や盲腸を疑っていて、まず一度病院を受診した方が良いと考えていたので、あの人のことは簡単に口にはしなかった。僕は最上級生として最後の運動会と役員の仕事があったので弱音を吐かずその日を終えた。確かにその日、帰宅後母があの人に電話をしたが不在だと言われた。そしてあの日、五月二十五日を迎えた。

僕は決心した。もうあの場所には行かない。十二歳の大きな決断だった。卒業式でレッドカーペットを歩きたかった。舞台の上から母に感謝の気持ちをスピーチしたかった。環境を変えるために、中学受験を考えていた。四月から朝勉をするようになった。僕にも夢や希望があったが、全てがあの日終わったように思えた。この日は僕にとって一生忘れられない日となった。その日の夕方、仕事から帰宅した母と、いつもの川岸へサイクリングに行った。母は僕の想いを受け入れてくれた。決して容易な道程ではなかった。何よりも、昼前に二人で病院へ行き、悪い病気でなかったことを喜んでくれた母の気持ちが嬉しかった。少しだけ気持ちが軽くなったが、心は重いままだった。

同じ日だったか、母は学校に居るあの人と電話で話していた。悪い病気でなかったことを報告するためだ。そして、僕を理解してくれた母が転校が可能かを冷静に聞いていた。話の内容は僕にも聞こえたが、僕の知っている強い口調で、

「守りに入るということですね……、転校はできると思います」

と言った。しかし、その日の夜遅く、向こうから電話があり、僕と話したいと言ってきたが、今度は僕が拒否してやった。最初の電話とは全く違い、親にしか見せない優しい口調で、僕の気持ちを分かってあげられなくて、と謝っているようだった。もう一度チャンスをくださいとも言っていた。学校に来いということだと思った。しかし、母は決して強制はせず、僕の気持ちを尊重してくれた。

人間として間違えることは誰にでもあると思う。しかし、僕は人間として許せなかった。親がいるからか、普段とは全く違う良い先生を装っていることに非常に腹が立った。何を言っているのかと耳を疑った。悪夢のような一日が終わった。

あの日以来、あの人の学校へ行っていない。ただ一度だけ、一人で荷物を取りに

行った。あの人はそんな僕に、何ごともなかったような態度で接した。腹が立った。複雑な気持ちだったが、共に学んできた机に静かに別れを告げた。僕に少しでも非があったのなら仕方がないが、悪いのは僕ではない。最低限真面目に過ごしてきたのに、どうしてこんな目に遭わなければならないのか。人をいじめたことはない。暴力を振るわれてもやり返していない。ただ、正義感ある態度で言い返したことはあっても。

気の遠くなる学校との話し合いは絶望へと変わっていった。僕達の真実は通らず、自由に転校すらさせてくれなかった。性格の良い母も初めてのことだったので戸惑っている様子に見えた。最初は学校の言われた通りにしていたが、その後相談員に間違っているのではないかと指摘され、学校のやり方に悲しみを覚えたと言っていた。

最終的な転校の条件に、僕が不適応な子供だったということが意見書という書類に書かれてしまうことになるようで、それは大きな障害になった。僕は不適応なんかじゃない。胸が苦しくなった。僕も母も悔しくて悔しくて泣いた。母は法務局や弁護士の所へ相談に行ったが、僕のこれからのことを十分に考えて静かに転校する道を選んだ。また、真実を伝え主張するべき所は理解してくれるよう努めてくれた。（あの人や周りの大人達に何を言われるのかつらかった。何度も母といっしょに話し合いの場に同行した。一人で頑張っている母を守りたかった。）しかしあの人の上司達が、今回の僕のことを内々に伝えておくと、安心させるような話を言っていたが、何も伝わっていなかったと思ったことがあり、僕は真実を伝える決心をした。学校の隠蔽（いんぺい）の渦に巻き込まれていたのだ。

学校の隠蔽だ、僕はそう確信した。

仕事を減らし、僕の心に寄り添ってくれた母。今後のことを必死で考えてくれた。母の顔がみるみる老婆のようになった。転校までの四十五日間は正に地獄だった。しかし、生まれてからずっと過ごしてきた我が家の楽しい生活だけは変わらなかった。

真っ先に親友やその家族から手紙が届いた。いつか、同じように苦しんでいる人を助けてあげてほしい、と言ってくれた。八歳の頃から、数検や漢検を通じ知り合った僕達の友情は本物で温かかった。この手紙は今でも宝物だ。

新たな出会いもあった。母が仕事で午後まで家を留守にする間、学校が決まるまでいっしょにここへ来て勉強をしましょうと言って下さった市内のインターナショナルスクールへ短期入学した。僕の話を聞き、涙を流し受け入れてくれた先生達に、感謝の気持ちで一杯だった。人として大切なことを、校長先生達から学び感動した。皆が目標に向かい努力する姿を見た。

どんな場所でも小さな争いごとは起きる。しかし、そこでは皆思いやりの心を持ち生活していた。この経験も大切な宝物になった。この場所で、今までの苦しみが限度を超えていたと改めて痛感した。もう放課後、友達と遊んでも秘密にすることはなくなった。自分の経験から、少しずつ冷静に周りを見つめられるようになった。生活や通学は激変し、経済的にも負担がかかったが、僕も母も必死に頑張ったあの夏のことは忘れない。あの人達と対立する道を選んだわけではない。ただ、僕には平等に学ぶ権利がある。しかし、僕には与えられた場所で生きるしかなかった。屈託のない子供達を見ても素直に微笑むことができなくなった。

そして僕は転校した。この先、どんな困難が待ち受けているのだろう。不安はあった。僕は負けない。五年と数ヶ月頑張ってきた力がある。母が、あなたはどこに行ってもそのままで良いのだよ、ありのままのあなたを見てもらえばあなたが正しいと理解してくれるはずだ、と言って送り出してくれた。その言葉は未だに心に響いている。

転校先はバス通り、徒歩も含め片道約一時間となり非常に大変だったが、少人数の学校を選んだ。中学入学前にまた、教育委員会へ行き、話し合いをしなければならなかったが、残りの小学生活は複式学級でのんびり過ごすことができた。しかし少人数の学校だったので何かがあったと思う。中学校を決める時期になった時、活発な女生徒と担任に驚くことを言われ、心が泣いた。

「アンタ学校を潰す気かい、学校の邪魔するな、またいじめられるぞ」

この学校は小中学校が繋がっていたから、僕が残っていないと不都合があるようだった。

「お前はどこへ行っても同じだ……」

転校して感謝の気持ちで生活していたのに、僕はこんな風にしか思われていないのか。久しぶりに相談員の人に相談したが、母に先生へ発言の意味を尋ねるように助言された。僕はその頃話し合いを校長先生としていたので、助言されたことを自分の言葉で伝えたが、

「そんなことを一々気にしていたら将来が…。そんなこと忘れて、そんな考えからは早く卒業しろ」

とのことだった。彼等の言動に心が押し潰されそうになった。十二歳、必死で重い荷物を背負い登校していた僕には理解できない言葉だった。僕は希望通り、より便利な中学校を選択することにした。しかし、その手続きでもまた、僕に非があるような意見書が登場した。再び、大人の世界の難しさや汚さを知った。少しだけ忘れかけていた、あの記憶が蘇ってきて悲しかった。

教育委員会に、母が誠意を持って話しても、書類上の手続き以外の転校は難しく、願いは聞き入れてもらえなかった。結局、預託承諾という書類上認められる手続きを行なった。しかし、僕達の真意ではなかった。こんな形でしか転校できないこと

に疑問を感じた。これで堂々と進学できると思ったが、どこへ行ってもそのわけを尋ねられた。中学に入学しても生徒の友達の輪で僕の噂を聞きつけ、好奇な目で見てくる奴もいる。あの日以来、知っている誰かに会うことがあるが、容赦なく心ない言葉を浴びせてくる。

「アイツ、不登校になったヤツだ。変になったヤツだ……」

未だにつらく悔しい。人は簡単に忘れろとか気にするなと言うが、このつらさは非のない立場の人しか分からない。

未だに行き場のない黒い気持ちに悩まされ続けている。時々、母にぶつけて困らせる。しかし、どんな時でも僕と真剣に向き合い、冷静に見守り、人に対して謙虚な姿勢を貫く母から多くのことを学んだ。だから僕は、堂々と前を向き歩き続けている。

中学生活は大変だが、先生達が皆良い人達なのでいじめに悩まされることはほとんどない。クラス内で先生に怒られたり、自らの態度の悪さで指導される生徒もいるが、愛のある先生のおかげで安心して生活できる。僕も感謝している。そして学校へ行き、学ぶことの大切さを噛み締めている。

僕は一度、元文科省で政務官をされていた先生へ手紙を出したことがある。尊敬する人の中の一人で、あの時も一度だけ励ましの言葉をもらった。日本の子供達のため、いじめに苦しんで命を落とす子供達がいない世の中にしてください、と頼んだ。僕のような理解できない経験をしている子供を助けてくださいとお願いした。そして、励ましてくれた先生にお礼の言葉を伝えに行った。先生は抱きしめてくれた。その出会いが、僕に大きな勇気を与えてくれた。

今、いじめで苦しんでいる人や、命を絶とうと思っている人がいると思う。どんな環境でも自分らしく生きるという大切なことを忘れないでほしい。僕のように、憎しみや悲しみを捨て、笑顔を取り戻すことは難しい。今でも、こんな不遇に遭い、ついていないと思う時がある。周囲を見ても、笑ったりふざけたりするクラスメイト達が眩しく見える。あの時、あんなことにならなければ、もっと笑えたはずなのに、もっと自由に過ごせたはずだと思う。けれど、僕も必死で生きているので、負けないでほしい。逃げないでほしい。諦めないでほしい。

五年生の冬、初めて遺書を書いた。いじめている側の名前ではなく、いじめてこなかった人の名前を書く方が簡単だった。ノートの一ページに想いを込めた。薄っぺらの紙に、僕の十一年間の歴史が悲しく記された。かばんの隅に入れ、共に学校へ行った。あの時、死なないで良かった。あの時、命を落としてしまった子供達の心の叫びが聞こえてきた気がした。僕のいじめの歴史は数え切れないほどのものだった。物がなくなり、壊され、テストや教科書を破かれ、鉛筆で手の甲を刺され、歯も欠けた。暴力は日常茶飯事の時期もあった。毎日何をされるか恐怖だった。犯人扱いされたこともある。その時、あの人の対応は悪い者を擁護するような指導だった。トイレでパンツを下げられたり、罵倒されたり（死ね、キモイの連発）したためトイレは個室でしていた（未だにその習慣が離れない）。ウソもつかれた。ここに記すにはきりがない……。全てが、最後にはじゃれ合いなどとして処理される現実がある。

だから、死んだら終わりだ。僕達のせいにされてしまう。家庭の問題、本人が悪い、証拠がない、先生は中立の立場だと言われ、片づけられてしまう。まるで弱い者いじめをしているように言われてしまう。僕は死んだら負けだと思えるようになっていた。今生きていることは、支えてくれた母と僕を大切に思ってくれた周りの人達のお陰だと思っている。僕は今を大切に生きている。

あの日以来、出会った全ての人達に感謝します。僕を支えてくれて、ありがとうございました。正直今もつらいです。しかし、どんなことがあっても前を向き、自分の信じる道を歩んでいます。未来のことは分からないけれど、自分の夢や目標に向かい頑張っているつもりです。自分の未来へ繋げていきたいです。

最後に、母ちゃんありがとう。数え切れないありがとうを贈ります。生きてきたことに、それを支えてくれたことに、あなたがいたからここまでやってくることができました。

本当にありがとうございました。

学生の部 ― 入賞

乗り越えた後の経験

石川県野々市中学校二年
大脇 草平

まず一つ言っておきます。僕の心は人よりも弱いです。

僕は、聞いてください、としか心の中で叫んでいないのかもしれません。僕は、人によって態度を変えられた経験に陥っています。

どちらかを気に入っては、そちらだけを優遇する、その状態が続いていました。なにか失敗するたびに、すぐ怒られました。しかも、極端に僕は怒られていました。その結果、どのように関わればいいのかも、分からなくなりました。そして、どうすることもできなくなった僕は、先生に話しました。先生といっても保健室の先生です。

それを話す前は、自分がどうするべきかも分からずに、疲れて体調を崩しがちになり、保健室に行くことが多く、行くことが辛くなっていました。

しかし、話していると僕は、気が楽になっているのを感じました。それと、自分で自分を苦しめているということにも、気づかされました。話し合えるくらいに、いっしょに話を聞いてくださる人がいらっしゃいました。

そしてこのような場面に陥った時、自分の心をふさぎ、聞いて、と心で呟いているようでは、意味がないとわかりました。どれだけ自分の悩みを打ち明けることが恥ずかしくても、僕がしようとしていた、自殺よりも恥ずかしいことはありません。

僕は気づけば、大粒の涙を流していました。僕はこの時、打ち明けた自分が相当疲れていたんだと思いました。

先生と生徒。上司と部下。そのような関係は、先生や上司が上というような立場が決まっているように思えます。

今おかれている状況の、対処法を考え実行することに決めました。そして、もちろん決断したのは親と僕です。と、言いながらも大半は僕の判断です。

僕は、人への恐怖を忘れることはありませんでした。しかし、僕のその恐怖はあの頃のつらい時より、つらくはありませんでした。僕は、ひどい態度を取られた期間のことを考えるとともに、自分の将来をどうしていくか、というような悪いことと良いことの両方を考えるようになりました。

僕はこのように誰かに何かされたり、迷い追い込まれた時に、相談したり、自分と語り合うことが大切だと思います。相談相手は、自分の信頼できる人であるほうが、心は落ち着くような気がします。自分に話しかける時、悪いことだけ、嫌だったことだけを話してしまうのは、かえって自分に傷を負わせるような気がします。だから、楽しいことや思いついたことは、紙に書いたり考えたりすることが、大事なように思います。

そして、僕は自殺という選択を振り切った人だけが、恩人というものを手に入れられるような気がします。気がする、というよりは手に入れることができると思います。

僕は、本当に信頼できる人がこの時、両親以外で初めて目の前に現れたような気がします。同じような経験をしている人とは思いもせず、その時初めて悩みについて話して、そして書いて泣きませんでした。いつも苦しめられていた自分に負けませんでした。そして僕は少しの時間がたってからですが、立ち直ろうとする意識が出てきました。

しかし、その気持ちはすぐに薄れていきました。

ある日僕のもとに一つの封筒が届いていました。それは一通の手紙でした。その手紙の文章を見るまでは、また戻ろうとしていました。僕はある一つの文を見た時、涙が流れるとともに怒りがこみ上げてきました。

『負けず嫌いになりました』

僕はこの「負けず嫌いになりました」という言葉を見たとたん、状況が変わることはないなと確信しました。人の気持ちも分からない人が、何を言いたかったのかが、わかりませんでした。しかし、一つ自分の心の中に思い浮かんだ一言がありました。

「からかわれているのかな」

本当にそうとは限りません。一つ言えば、この言葉はその時ふと思ったことでしかありません。その言葉は僕自身が苦しめられることも知らずに、声に出してしまったのです。

この時、僕が経験したのは負の連鎖です。原因である人の一言によって、本当に自殺してしまおうかとも思いました。それを親に相談すると、「自殺はしてはいけない。結局、その人に負けたことになる」。その言葉は僕にとってものすごく重いものでした。しかし、僕はその輪の中に戻りたくありませんでした。

その人、とは誰でしょうか。

一つ言うならば、自分のことも分かっていない人のもとで、何かをするということが、怖かったです。親からは戻るように言われる中で、マイナスな考えを出し、一人で悩んでいたような気がします。

その結果、自分が何をすればいいのか。一体何がしたいのか、と悩まされるようになりました。


そんな時、僕は、恩人からの言葉を見ました。「自分が生きていくこと」。そんな言葉がふと目に入りました。自分が生きていくこと、僕はそれを悩みに悩み過ぎたのちに、忘れていたことに気づきました。しかし、からかわれたという気持ちは、持ち続けているままでした。どれくらいでしょうか。気づけば十一月になっていました。僕の頭の中は、あたかも銀世界かのようにまっ白でした。いろいろな行事が次々と過ぎていくばかりで、何も考えることもできませんでした。悩みを相談することさえ、ままならないほどの暗い心を裏に秘めたまま、表では友達などにばれないように、不自然に笑っていました。この時、僕はこれほど笑うことが苦しいとは思いませんでした。暗い暗い迷路に入ることが。一日一日がとても重く、終わるたびにつかれていることに、とてもつらい毎日になっていることに気がつきました。

何よりもつらかったのは、表と裏で様子を変えなければいけないことでした。表では人に不快に思わせないがために、本当の気持ちを押しつぶして楽しく、明るくふるまい、人に対して無理に気を使っているような気がしました。その一方で、裏では泣き崩れ、だるさや、なぜかくる眠気に襲われ、しんどい毎日でした。時にはこうも思いました。この眠りが永遠に続けばいい。この気持ちを押し殺すことはできませんでした。押し殺そうとすればするほど、不快な気持ちになりました。

しかし、時にこう思うときもありました。

「みんなといて、楽しい」

そのように思うことが僕が生き続ける一つの理由であったように思います。そして気づけば十二月になっていました。その、いつの間にか一年が終わる時になっていることに、焦りと怖さをなぜか感じていました。


僕はこの一言で済まされる立場に立っているような気がしています。

孤独。

一人にされたように思い嫌気がさしました。そんな中、一つの決断をしました。孤独という人生から逃げ出そうとしました。僕は、このような決意をしました。

――輪の中に戻る。

この決断が、あっているかどうか、わかりませんでした。仲間に話はするけど、話しにくい環境でもありました。

しかし、戻った時に思いもよらぬ様子でした。そして、ものすごく自分の決断があっていると確信できました。その謎の自信こそが、もう一つの生きていた理由でもありました。

そして、今では何もなかったようではありませんでしたが、自分が今生きていることが、なんとなく感慨深いものになりました。

今思えば、人に助けられていることが、多いような気がします。悩みは、打ち明けなければ、自分の命さえも失うかもしれないと思うと、悲しいものです。しかし、悩みの原因になる人が得ることは、少ないと思います。しかし悩んだ人は、少なくともそのような人よりも、得るものは、多いと思います。自分の人生を大事にすることこそが、何よりも大事なような気がします。そして、自分が明るい心で人と接することができたのは、自分の心を自分の目で見ることが、あったからだと思いました。

楽しいことや嬉しいこと、思いついたことすべてを、紙に書いていた自分がいたから、楽しい気持ちが生まれたのでしょう。しかし、何よりも信頼できる人が見つかったから、そして夢を見つけることができたからこそ、今の自分があるのだと思います。

人にはいろいろな悩みがあると思います。

いじめ、差別、病、技術、障害……。

さまざまな悩みのせいで自ら命を絶とうとしている人、また、いじめによってつらい人に言います。

絶対に自分で命を落としてはいけません。どれだけ考えても、悩みに打ち勝つ方法が見つからなかったとしても、それを耐えることに意味があります。耐えた先には、さまざまな出会い、経験があります。もしかしたら、つらい経験があるとも思います。しかし、乗り切った強い自分がいるだけで、それに耐えることができるはずです。何もわからないという自分がいる時は、自分に話しかけてください、何かがわかると思います。

相談することに、勇気が出ない自分がいる時は、信頼できる人を見つけてみてください。そして、信頼してくれる人、味方になってくれる人を、見つけてみてください。あなたが恩人を呼べる人に出会うかもしれません。気が楽になるかもしれません。

いつもの自分ではない、楽しい自分が表に出せていないという時は、夢を見つけてみてくだだい。夢は焦らなくてもいいですが、目標というものを一つ見つけてみてください。笑うことの楽しみがわかると思います。

そして、何かしらの壁にぶつかった時、それがあなたの変わる、強くなる時です。見つけた夢を捨てないでください。人を見捨てないでください。壁を乗り越えた時、同じような壁に立ち向かう人を、助けてあげてください。そして、何よりも人に相談することを忘れないでください。

そして、すべての人に言います。馬鹿にすることは、弱いことを隠しているという人間の、逃げ場であると思います。立ち向かう人、そして弱い自分に打ち勝とうとする人こそが、本当の強い人です。

自分の命を大事にすることは何よりも大事です。自分らしく、一人の人として強い自分を作り出してください。つらい思いをしたからこそ、二度とつらい思いをする人がいなくなるように、いっしょに努めましょう。

この世の全ての人があなたの味方です。

それだけは忘れてはいけません……。

みんな、あなたの話を、静かに聞いてくれますよ。自分を隠していては、誰も感じ取ってはくれないかもしれません。だから、あなたはありのままの自分でいてください。

人は、誰かを愛するものです。全員が全員を愛し合える世の中になることを願います。

第一章　児童・生徒の部門

学生の部 — 入賞

出会いが教えてくれたこと

大分東明高等学校一年
山本 桜子

「ズキッ」急に喉の奥が痛くなった。給食当番だった私は、給食を運んでいた。すると「お前が触った給食は食べたくない」と言われた。

小学五年生の春、私は転校生になった。元々人見知りだった性格から思ったことを言えず学校での会話は、うなづくか横に首を振るかのＹＥＳかＮＯのコミュニケーションしかしたことがなかった。そのことから新しい学校では変り者扱いをされいじめの標的となってしまった。人の前に立って発表するのが苦手な私は、授業中に手を挙げたりクラスのみんなで合唱をしたりすることが恐怖でしかなかった。

ある時、班で活動する授業があった。自分達で課題を見つけ研究し、それをクラスの全員の前で発表するというものだ。発表の時私は思い切って声を出した。その時、私の声が小さかったせいか「聞こえません」という声や「なんて言ってるかわかりません」など冷たい声が教室中に響き渡った。また喉の奥が締め付けられるように痛くなった。

六年生になり、クラスも変わり少しホッとしていた。そんな時、入学式の係決めがあった。私は、残りものでいいやと思っていた。結局残ったのは演劇係で、私はその係をすることになった。正直、人前に立つことが怖かったので不安でしかたなかった。でも、演劇の台本をもらい自分のセリフを読むと、なぜか自分じゃない気がした。いつしかセリフを読んでいる自分ではなく本気で演じている自分がいた。それから演劇にはまっていき、中学では演劇部に所属した。大きな舞台も踏むことができ、人前に立つことが大好きになった。

月日が経ち高校生になった。新しい友達、新しいクラス、新しい先生、夢をいっぱい持って入学した。しかし、高校とはそんな夢を見る場所ではなかった。

私のクラスは、男子が四人、女子が二十七人のかたよりのあるクラスだった。それもそのはず、私は介護系の学校に進学したため女子の数はとてつもなく多かった。そんな中、私は女子のいざこざと戦っていた。私が少し男子と話しただけなのに陰でこそこそと声が聞こえた。「男好き…」いつしかこんな言葉を言われるようになった。授業中も、私は黒板に向かい集中していたのに後ろのほうから「山本さん」「山本さん」と聞こえてきた。振り返ってみても誰も私のことを呼んでいなくて、そんなことが何日も続いた。

ある時、友達に「おはよう」と言った。その友達はなぜか不安そうな目でこちらを見ていた。気になって何があったのか聞いてみた。すると「私、朝学校に来たらゴミが机の上に大量に置かれてあってね…」悲しそうな顔で友達は話してくれた。私は思わずその子をしばらく抱きしめていた。私はその子を守りたい安心させたいそんな思いでいっぱいだったはず、きっときっと…。でも、心のどこかで思っていた。それはホッとしている自分がいたこと。私の番は終わったんだって。そこではじめて気づいた。いじめはまわってくるということを。終わりが見えないこのクラスは、今日も日々誰かが誰かを泣かせている。今日の欠席は七人…、これもあたり前になってきてしまっている。私は、この先どうしたらよいのかわからない。過去のいじめの経験を生かし、自分の思いをぶつけ、善と悪を判断し、そんなまじめな大人になればよいのだろうか。

以前、私は新聞でとある記事に目がとまった。会社内でいじめがあったという記事だ。いじめられていた男性は、幼い頃からいじめられていたという。なぜだろう。いじめられやすい人とは決まっているのだろうか。学生の時、いじめを受けていた人は、大人になってもいじめを受けることになるのだろうか。そもそも、なぜ社会に出て世の中の人のために働いている大人が、いじめをするのだろうか。

この作文を書いている十二月頃、私は学校の帰り道で駅に行った。イルミネーションが光り輝き、カップルや友達同士の楽しそうな笑い声が飛んでいた。うらやましそうに私は一人歩いていると、男同士でイルミネーションを見ている人がいた。友達なのかなと思っていたが、次の瞬間その男性達は、あたりをキョロキョロとし周りに目がいかないよう二人で肩を組み抱きしめあっている光景をスマホで撮っていた。最初は「えっ⁉」と思ったが、あとから考えてみると楽しければそれでいいなぁと思った。ジェンダーだろうが何だろうが恥ずかしいことでも何でもない。大事なのは自分らしく生きれているのか。別に誰かと違っていい。恋する相手が男でも女でも、身長が低くても、一重でも二重でも、右利きでも左利きでも、それが個性であり自分にしかないものでもあるから。

ある時、私のクラスでは今までいじめをしてきた人が急に学校に来なくなった。あまり関わりたくないと思っていたがその子からメールが来た。相談をしてきたのだ。私は、はっきり言って都合がよすぎると思った。しかし、その子と話していくうちに、そこまで悪い子に見えなくなった。いじめは、よくされる側に問題があると言うが、それはまったく違うことで、する側に問題があるのだと思う。クラス内でいじめをした人達に話を聞くと家庭に問題がある人が多かった。しかし、家庭に問題があったとしてもいじめをするのはよくない。ただ理解をすることは必要だと思う。例えば「気持ち悪る」この言葉を人に向けたとする。この言葉を重く受けとればそれは心の傷が深くなるばかりだ。軽く受けとれば私のこと見てくれてるんだとプラスな考えになる。人によって価値観はそれぞれかもしれないが、あの人はこういう価値観でこの人はこういう価値観なんだ。これを理解するだけで私達の人間関係は大きく変わっていくのではないかと私は考える。

小学校の時のいじめ、演劇との出会い、高校で体験した心の揺れ、新聞の記事、帰り道のできごと、いじめをする側にも理由があったということ。このすべて、私が十五年間生きてきて学んだことだ。いじめをなくすというものはかなり難しいことだが、相手を理解し、少しでもプラスにとらえることが第一歩だと思う。うるさいの反対は明るい、うざいの反対はうらやましいなど、どの言葉にも裏を返せばプラスの言葉になる。人間関係は、目に見えないからこそ難しい、でもそこを乗りこえればおもしろいと感じる時がやってくるはずだ。

私は、人生とはコーラのようなものだと思う。炭酸と甘い液がマッチするからコーラはおいしいのだ。炭酸と甘い液どちらが欠けてもまずいだけだ。それと同じでプラスとマイナス、人生にはこの二つがあるからこそ人は成長できる。傷つくことも、傷つけることもこれからの人生の学びにしていけばよいと思う。

学生の部 入賞

勇気を出して

田畑　梨紗

「いじめ」という言葉を、もう何度耳にしたことでしょう。そのたびにニュースでは「学校では生徒全員にアンケートをとりました」とか「いじめをなくすために、このような生徒指導をしています」などと報道しています。でも、それでもいじめはなくなりません。

事件でも何でもない時にアンケートをとっても、誰も本当のことなど答えません。何か書いて、先生に呼ばれて根掘り葉掘り訊かれるのなんかゴメンです。事件があって、アンケートをとると、それで初めていじめがあったことを告白する人が出るのです。

でも、それではもう遅いのです。誰にも気づいてもらえずに死んでいく子にとっては、その子の死後に学校からいじめがなくなったとしても、意味がないのです。また、いじめの加害者が、人を死なせてしまったことに気づいたら、どうなるのでしょう。知らないと言って逃げるかもしれません。あるいは、自分を責めて自殺してしまうかもしれません。もしかしたら、誰かに「お前のせいであいつが死んでしまったのだ」と責められて、いじめの連鎖が起こってしまうかもしれません。

事件が起こって、いじめが発覚して、「対策をしました」では、いじめは決して終わらないと、私は思います。

私のささやかな経験を話します。小学校の頃のことです。仲のよかった子と、ちょっとしたことでケンカをしてしまいました。するとその子は、クラスの全員に私の悪口を言いふらしました。その日から、私は一人になりました。悪口の内容はウソばかりでした。でも周りのみんなから言われ続けて、誰にも相談することもできず、そしてある日とうとう両親に「学校にいきたくない」と言いました。

両親は驚いたようでしたが、私の話を黙って全部訊いてくれました。そしてわかってくれました。その上で、両親は、

「でも、学校に行きなさい」と言いました。私は、

「悪口を言われるから、もう行かない」と答えました。

「昨日と同じことが、今日も起こるとは限らないよ。昨日は悪口を言われてイヤな思いをしたかもしれないけど、今日は違うかもしれない。違わないかもしれない。行ってみなければわからないよ。行ってみて、昨日と変わらなくて、つらくて我慢

できなかったら、そのときは、帰っておいで」

そう言われて、私は勇気を振りしぼって学校に行き続けました。

学校では、悪口を言われ続けました。何も変わらないように感じられました。でも、ある日、一人の子が私に声をかけてくれました。その子だけは、私がそんな子じゃないと信じ続けていてくれたことを知りました。それをきっかけに、私の悪口を言う人もどんどん減っていきました。

やがて私は新しい友達を作り、ケンカした子とも仲直りをしました。

私が自殺しなくてすんだのは、両親の、「昨日と同じことが、今日も起こるとは限らない」という言葉のお陰です。その言葉に背中を押されて、私は今も歩み続けています。また、私を信じてくれた子がたった一人でもいてくれたから、最終的にはケンカしてしまった子とも仲直りができたのだと思います。

もしあの時、私が自殺していたら、家族はどんなに悲しんだでしょう。私は永遠に小学生のままで、こんなふうに高校に通うこともなかったでしょう。ケンカした子と仲直りすることもできず、その子は私の死後、いじめに遭っていたかもしれません。そう考えると、あの時学校へ行って良かったと、心から思います。

私は自分の体験を生かして、これから生きていこうと思います。もし、自分の周りでいじめがあったとしたら、いじめられている子の話を聞こうと思います。もしかしたら、私にはどうすることもできないかもしれませんが、こんな私でも話を聞いてあげることはできます。

苦しんでいる人は、話を聞いてもらうだけでも、心が楽になると思います。なぜなら、私も両親に言った後、心が軽くなり少し元気を取り戻したからです。

そして、いじめている子からも話を聞いてあげようと私は考えます。遊び半分かもしれないけれど、いじめる子にはいじめる子なりの、何かしらの理由があるはずだからです。そして、いじめられた子の気持ちを伝え、考えさせたいです。

こんなことでいじめがなくなるわけではないことは、わかっています。でも、一人でも多くの人を自殺から、いじめの繰り返しから救い出したいと思っています。

学生の部　優秀賞

つくらない、いじめのきっかけ

北九州市立長尾小学校六年　Ｉ・Ｓ

私は、とてもささいなことがきっかけでいじめがおきていることが多いように感じ、いじめのおこる原因を調べてみました。その結果、「友達の意見に反対した」「LINEなどのSNSの返事が遅れた」など、私達が生活しているうえで、日常的にありうることがきっかけとなり、いじめが起こっているということがわかりました。また、周りと違うことをしているというだけで、いじめられることもあるそうです。人はみんな考えていることも違うし、顔や体、話し方だって全然違います。それなのに、少しみんなと違うからといっていじめられるのはおかしいと思います。

そこで、私はいじめをなくしていくためにはどうすればよいか考えました。そして、三つのことをできるような人になろうと思いました。

一つ目は、「相手の立場や意見を受け入れて認められる人になる」ということです。「LINEなどのSNSの返事が遅れた」「友達の意見に反対した」ということについて、私は一人一人が相手の立場や意見を受け入れよう、認めようという意識をもてば解決すると思います。意見が違っても、話し合いの場をもち、相手のことを理解しようとする心をもてるようになりたいです。二つ目は、「相手の気持ちを考えて行動できるようになる」ということです。相手が傷つく行動をしていないか、相手が傷つく言葉を使っていないかなど、自分の言動を見直し生活を送る必要があると思います。私達の生活の中では、ささいな行動や言葉で人を傷つけてしまうことがたくさんあります。そのことを理解し、自分の行動や言葉に責任をもたなければならないと思います。

三つ目は、「だれとでも仲良くなろうと思える人になる」ということです。そうすれば少し周りと違う行動を取っている人とも仲良くなることができ、いじめがなくなると思います。そのためにも、相手の悪いところに目を向けるのではなく、相手の良いところを見つけられるようになりたいです。相手の良いところをたくさん見つけ、相手を好きになる努力をしたいと思います。

私は、この三つのことができる人間になり、いじめが少しでもなくなるように私にできることを行っていきたいと思います。

学生の部―優秀賞

私達の大切な命

北九州市立長尾小学校六年

K・Y

みなさんは、なぜ自分が生まれてきたか考えたことがありますか。改めて考えてみると難しいことのように感じます。幸せになるため、夢をかなえるため。考えることは人それぞれだと思います。ただ、一つだけはっきり言えるのは、いじめを受けたり、ぎゃくたいを受けたりするために生まれてきたのではないということです。

以前、お父さんに私が生まれた時のことを聞いてみました。するとお父さんは、数えきれないほどの思い出話をしてくれました。生まれた時に喜んでくれたこと、小さい時のお父さんとの思い出。たくさんの話を聞きながら私は思いました。「ちゃんと私を見てくれているのだな」と。そして「私は本当に大切にされているのだな」と。私は家族の愛情の中で幸せに暮らすことができています。そのことに気づき、本当にうれしく、そしてありがたく感じました。

家族と良い関係ですごせても、高学年になると友達関係もちょっとしたことで悪くなってしまうことがあります。例えば、少しのすれ違いで間違ったうわさが広まってしまい、やがていじめへと発展してしまう。実は、私も同じような経験をしたことがあります。私が男子に対する態度と女子に対する態度が違うといううわさが流され、いつの間にか皆に広まっていました。その時、私の味方になってくれる人はおらず、とても孤独に感じました。今では、友達もたくさんいて、楽しく過ごすことができていますが、ニュースや新聞で「いじめを苦にして自殺」という報道を見ると、以前のことを思い出し、胸が痛みます。私は、このようなニュースを他人事と思わず、いじめをなくしていく努力をしたいと思います。

いじめをなくしていくためにはどうすれば良いのでしょうか。そのことを一人一人がちゃんと考えるべきだと思います。うざいからいじめる。のろいからいじめる。そんなことでいじめをしていいのでしょうか。いいわけがありません。確かに人には相性があり、気が合う人や合わない人がいると思います。それは仕方のないことです。しかし、だからといって気が合わない人のことをいじめたり無視したりするのではなく、どうすれば皆が楽しく過ごせるか考えることが大切なのではないでしょうか。そして、自分がされてどう思うか、自分がして相手は傷つかないかというように、相手の立場に立ってものごとを考えて行かなければならないと思います。

皆さん、皆さんの普段の生活を思い返してください。お家の人と幸せな生活を送ることはできていますか。人を傷つけることはしていませんか。見て見ぬふりをしていませんか。私はこれからも家族や友達といい関係でいたいです。そのためにも、自分にできることを積極的に実行していこうと心に決めました。

学生の部　優秀賞

子供の自殺をなくすため

愛知県海陽中等教育学校中学三年
穴田 悠人

今の日本では、子供の自殺はかなり深刻化しています。小学生の自殺は年間十件程度、そして特に中高生の自殺は約三百件ととても多いです。

ここで僕が考える、自殺にまで精神的に追い詰められてしまう原因を二つ挙げます。

一つ目は、周りからの強い圧力やいじめなどを一人で抱え込んでしまい、それに耐え切れなくなって自殺にいたってしまうということです。これに対しては、一人で悩みを抱え込まないように、それを周りに発散、つまり相談できるような環境を整える必要があります。友人、先生など身の回りの人に相談できない、あるいは自分が悩みを抱えていることを他人に知られたくないと感じているので、そのような状況に陥っているのでしょう。おそらく学校で定期的に実施されるいじめ防止のアンケートが出された時にも正直なことを書くのをためらっていると思います。

ここで第三者が重要なキーマンとなってきます。自分のことをもともとよく知っているというわけではないので、案外心を打ち明けやすく、気楽に相談できる人もいるものです。例えば、子供相談室のようなものです。ただ、現状ではこれらの存在が広く知られていません。ですから、学校で何ヶ月かに一回程度、子供相談室のようなカウンセラーからのシートを配布し、第三者への相談も可能であること、つまり誰にも知られずに悩みを外部に打ち明けられるシステムがあることを周知すべきです。こうすることで、自分だけで抱え込むことによる精神的な負担が大きく減ると思います。

二つ目は、周りに悩みを打ち明けているのに、学校がなかなか対応しないために、その間に精神的な負担がさらに大きくなり、対応の前に先に自殺してしまうということです。最近テレビのニュースでもこのケースに当てはまる自殺が増えてきているように感じます。生徒が教師のところへ相談に来たら、その日のうちに学校の全ての教師にその旨を伝達し、当該生徒を一時的に友人から隔離したり、いじめた生徒らを処分したりするなど、何らかの対策を早急に講じるべきです。いじめによる精神的負担はとても大きいので、早い対応がとても重要だということを教師間でも共通認識を持つ必要があります。

今まで周りの環境をどう変えるべきかを書いてきましたが、やはり一番大事なのは「つらい」から「自殺しよう」とつなげてしまう心を変えることだと思います。命はかけがえのない大事なものであること。そして人生は一回きりだから死んだらそこで終わってしまうこと。これらの認識がまだ充分に浸透していないのではないでしょうか。これを伝えるためには命の教育を学校でしっかり行うようにすること、これ以外に方法はないと思います。

自殺は連鎖を呼びます。特に子供は他者の自殺の影響を受けやすく、テレビなどで自殺の報道があると自殺者数が一気に増加する傾向があります。だから、大事なのは自殺をする人を「減らす」のではなく「なくす」ことです。自殺をしても何もいいことはありません。悪い言い方をすれば自殺は今後の人生を自らの手で閉ざす最も簡単な方法と言えるでしょう。さらに、自分だけでなく、周囲の人達にも深い心の傷を負わせることになります。大人の人達もこのことを他人事のように考えてはいけません。今後の日本を支える人材が失われるわけですから。

この問題は日本で早急に対策しなくてはならないような大きな問題となりつつあるのではないでしょうか。

第二章 成人の部

パート1

いじめをふりかえる大人達

審査員特別賞

水面下でもがく

京都造形芸術大学
二木洋一

蛇口から一定のリズムで水滴が落ちる。浴槽に落ちた水滴はぽちゃんという音を立ててから、波を起こす。その波はどんどんと広がっていき僕のもとまで届く。浴室は静かで、浴槽に落ちる水滴の音と自分の深い呼吸音しか聞こえない。

大きなすりガラスには外の街灯のぼんやりとした光の玉が映っているのだろうが、今の僕にはそれすらも見えない。下を向いているからだ。こうやっている時は、答えの出ない、そしてあまりよくないことを考えている。

背中を浴槽に滑らせて体を入水させていく。胸、鎖骨、肩、髪の毛と順々にお湯に浸かっていって、最後に耳までお湯の中に入れた。おそらく傍から見たら、湯船の中にお面が浮いているように見えるだろう。目を閉じる。ボイラーの重厚な音が体全体に響いてくる。それに呼応されて心臓の音も大きくなったように感じた。

暗闇だ。瞼（まぶた）の裏は完全な黒じゃなくて、浴室の明かりで少し赤みがかっているのだけど、そんなことは気にならないで、頭の中で想像した暗闇の中に僕はいた。僕の唇が微（かす）かに動く。

「死にたい」

その言葉は浴室に放った言葉で、どれだけ浴室を駆け回っても暗闇にいる僕には届かないと思っていたのだが、どうやらそれは間違いのようで、言葉が直接体の中を通って僕の体内に広がった。そして、僕の内側に癌のように貼り付いた気がした。

「死にたい」

もう一度発したその言葉は、やはり僕の内側に貼り付いて、どんどん蓄積されていった。

中学二年生の僕は「死にたい」が口癖だった。だけど、人前では決して口にしなかった。「死にたい」と言うけれど、だからといって助けてほしいわけじゃなかった。「死にたい」と言っているうちは本当に死にたいわけじゃない。当時の僕は、苦しい思いをしているのに誰も助けてくれない悲劇の主人公を演じることで自分を慰めて自我を保っていたのだ。でもその「死にたい」は、水風船に水滴を一滴ずつ入れるみたいに少しずつ溜まって、最後パンパンになった水風船が破裂した時、僕はきっと崩壊する。そうなったら本当に死んでしまうだろう。そのことをぼんやりと理解しながらも「死にたい」を止めることはできなかった。

きっかけは本当に些細なできごとで、今となっては笑い話で済ませられる程度のしょうもない話。そうやって僕の人生の一部を転落に追い込んだできごとを笑える日がくる。それをネタにお酒を飲むことができる。だが、当時の僕はそんな日がくることなど知らずに、苦しい毎日を送り、着実に水風船に水が溜まっていった。

その元凶となったのは赤山理子（仮名）という一人の女生徒だった。

中学校の入学式から一週間も経つと、クラスメートの中で自分の立ち位置が上なのか下なのかを直観的に判断する。いわゆるスクールカーストを無意識に受け入れるのだ。それは強制に近い。上になれば大抵のことは許され、下になればなるべく目立たないように影を潜める。同じことを言っても上と下とでは周囲に与える影響力や説得力が違ってくる。学生生活を送るうえでの自分の過ごし方が変わってくるのだ。上か下かを判断する基準はあやふやで、必ずしも勉強ができるやつが上になるわけではない。ただ、ヤンキーやギャルなど態度のでかい生徒、学級長など優等生で勉強も運動もそつなくこなす生徒は上に立つ傾向にあった。

クラスメートを見回して僕はどうやら下らしいと即座に悟った。かといって一番下というわけでもなかった。小学生のころは上か下かなど気にしていなかったが、思い返してみると運動会の応援団副団長や委員長、掃除班の班長などの役職につき、かなり上の方にいたようだ。その名残か、クラスでも班長を任されたし、友人も上の生徒の方が多かった。

部活は流されるままにバドミントン部に入部したが、すぐにその魅力にのめり込み、もともとそこまで強い部じゃなかったこともあって、先輩達を抑えて一年生でレギュラーに選ばれた。

ただ、僕の学校生活を脅かす不安要素があったとすれば、クラスも部活も赤山理子といっしょで、彼女が上の存在だったということだ。勉強で勝っていようとバトミントンで勝っていようと、彼女が上、僕が下という事実は変わらない。

僕は彼女に苦手意識があった。クラスでも会話は最小限だった。もしかしたら、彼女もそうなのかもしれない。必要以上のことは話さなかった。そして、そのまま何事もなく順風満帆とはいかなくても平和に一年が過ぎて、クラス替えが行われた。二年から三年に変わる時はクラス替えがないため、中学では最初で最後のクラス替えだ。

二年になった高揚感で足取り軽く新しい教室に向かって廊下を歩く。仲の良い友人全員と離れてしまったが、逆にあいさつ程度しか交わしていなかった他クラスの友人、池石隼（仮名）と同じクラスになったのだ。教室で机の上に座る彼を見つけて話しかけた。

「隼、クラスいっしょじゃん」

「そやな、楽しくなりそうやな」

そう言って彼はハグを求めてきて、何で外国のスタイルと疑問に思いながらも楽しくなりそうなのには同意だったのでハグを受け入れた。彼がサッカー部だったからかもしれない。ゴールを入れたらチームメイトとハグするだろうか、と考えながら隼と談笑していると、同じクラスに赤山理子もいることに気づいた。とはいえ、一年間お互いに影響を与えなかった相手なので、その時は特に気にすることもなかった。

だが、彼女は僕のことを嫌っていた。きっかけとなった事件は二つある。先ほども言ったが、どちらも大それたことではない。


二年生になったばかりの部活中。僕はノックを受けていた。ネットで挟んだ相手コートの中央で先輩がシャトルを僕の左右に上げてくれる。僕はそれをスマッシュで相手のコートの隅に打ち分ける。体育館にはネットが三コート分張られていて、僕の隣でも、またその隣でも同じ練習を行っていた。

流れる汗。バドミントンシューズと床が擦れるキュッという音。生徒達が数を数える声。青春の一ページを切り取ったような放課後に僕はいて、この日は特別調子がよかった。足が軽くてスマッシュもいつも以上に速い。頭の中で自分のカッコイイ姿を思い浮かべながら、今日の自分は特別だと自信に満ち溢れていた。そんなイメージのまま撃ったスマッシュは、期待通りの威力でコートのサイドラインを目掛けて飛んでいった。しかし、そこに赤山がいた。威力の乗ったシャトルは、コートでシャトルを拾い集めていた彼女の右目をピンポイントで撃ち抜いた。

彼女はその場でうずくまって泣きだした。頭の中の絶好調の自分は一瞬のうちに消えてしまう。僕はすぐに駆け寄って、「ごめん。大丈夫」と声をかけた。肩に手を置くべきか迷ったが、特別仲良くもない異性に触れることはできなかった。

彼女は右手を抑えながら顧問の先生に連れられて体育館を出て行く。その際、涙の滲んだ左目で鋭く僕を睨みつけた。僕は困惑した。バドミントンを練習していれば必ずこういう事故が起こる。それに今回はコートで僕が打っているにもかかわらずそれを警戒することなく、ダルそうに落ちているシャトルを拾い集めていた彼女の過失だ。でも、信号を無視して飛び出してきた人を車がひいてしまった場合に運転手が責任を問われるように、怪我をさせてしまった僕が悪いことになるのだろう。そのあとすぐに練習は再開されたが、体育館では僕が赤山を怪我させた上に流れを止めたという悪い雰囲気が漂っていた。

それから、すぐ二つめの事件が起こった。その日は、新しく買ったバドミントンラケットの初使用の日だった。ラケットはガットが切れたら誰かに借りなければならないので、経験者は大抵二、三本ラケットを所持していた。僕も一年間部活を続けてきたし、レギュラーでもあるので、二本目のラケットを買ったのだ。

その日の部活はどこか変だった。部活中、赤山達の女子グループが僕の方を見て、こそこそ話をしていた。それは部活中続き、僕は部活に集中できなかった。そして、部活が終わり、制汗剤の匂いが漂う廊下で男子達と喋りながら着替えていると、赤山が糸井詩織（仮名）を連れて僕に話しかけてきた。

「そのラケットってさ、買ったの？」

「うん。そうだけど」

「前のラケットが折れたの？」

「いや、予備に買ったんだけど」

そう言った瞬間に、彼女達はキャアーと悲鳴のような声を出した。黄色い声援の方ではないことは明らかだった。

「え、何で？」と僕はあたふたしながら聞き返す。

「あんたパクったでしょう？」

「は？」

パクったというのはつまりマネしたということだけど、全く身に覚えがない。疑問が頭の中をいっぱいににし、顔を引きつらせながら「え？」ともう一度聞きなおす。先ほどまで話していた男友達は面倒事に巻き込まれまいとその場から離れた場所に移動していた。

「それ、詩織ちゃんの予備のラケットと同じやつなんだよね」

ちょっと止めてよ、と糸井が小声で赤山に言う。自分の名前を出さないでほしかったのだろう。確かに糸井は経験者で予備のラケットを持っていても不思議じゃないが、ただでさえ赤山のせいで女子と交流がない僕が糸井のラケットの種類を知っているはずがない。

「違うって。パクってないって」

「それに、この前あんたが変えたシューズも私達のと同じなんだけど。ほんと、そういうの気持ち悪いから。それに、今日の部活中なにこっちチラチラみてんの？まじで止めてくんない」

チラチラ見ていたのは赤山達がこそこそ話していたからなのに、と内心怒りながら、赤山を睨みつけた。

「なに?言いたいことがあるなら言いなよ」

「ラケットもシューズも自分に合うと思って、スポーツ店で一つひとつ試して選んだもので」

「は?いいわけすんなよ」と赤山はバッサリと僕の言葉を切り捨てた。

赤山は最初からこちらの主張を聞く気などなかった。彼女はきっと自分の正義に従って行動しているのだろう。でも、僕はなにも悪いことをしていないし、とても理不尽だ。だけど僕の口は開閉を繰り返すばかりでその隙間から声が発せられることはない。赤山はカーストの上、僕は下。それがすべてだった。どんな理不尽もそれだけで通ってしまうのだ。だから、僕は恨みを込めて睨むことしかできない。

「だから、言いたいことがあるなら言えばいいじゃん」

聞く気もない癖に。僕は憤りを必死で隠した。それは赤山に対してと、この状況で何も反論できない自分に対してのものだった。

「じゃあ、それだけだから」

彼女達は言い残し、連れだって帰っていった。男友人達も声をかけづらいのか、僕から距離をとっている。僕はリュックを背負って、彼女達との距離がひらくのを待ってから、家に向かって歩いた。

僕は泣いた。本気で泣いた。近所の人に見られて、我慢しようとしても涙が溢れてきた。悔しかった。どうしようもなく悔しかった。十四年間で、悔しくて泣いたのは初めてだった。呼吸を荒くしながら家の前に着いた。袖で涙を拭って、一度深呼吸をする。目を真っ赤にしているところを家族に見られたくなくて、玄関のドアをゆっくりと開いて、すぐに自分の部屋に入った。そんな弱い自分が嫌いになった。

この事件をきっかけに赤山が僕のことを嫌っているのだと確信した。そして、クラス替えしたばかりのクラスメート達と探り探りの関係を築いている時期に、彼女は僕の悪口をふれまわったらしい。噂話はクラス内で錯綜した。詳しくどんなことを言ったかは知らない。おそらく「あいつ嫌なやつ」とかその程度だろうが、僕を知らない人が大部分を占めるクラスで、しかもカーストの上にいる彼女の言うことは影響力が大きかった。噂はすぐにみんなの中に浸透した。

ゆっくりと構築していたグループは一夜にして崩れ去り、僕は一時期クラスの全員から避けられるようになった。そりゃそうだ、僕だって被害者じゃなければいわくつきの人物に自ら近づいたりはしない。そう頭の中で理解していても、とても苦しくて、胸が締め付けられる思いがした。

表面上はみんな仲良くやっているように見せる。

給食が休みでお弁当を持ってくる日、僕はそれまでしばしば会話することがあったバレーボール部のグループに交じってご飯を食べた。そのグループは上位層だったけど、優等生のグループだったので、班長の僕とはまだ相性のいいグループだった。まるでそのグループの一員であるのが当然のように振る舞い、ご飯をいっしょに食べたが、僕は知っていた。陰で「なんであいつ、しれっと俺達に交じって飯くっとるんやろ」と呟いていたことを。それでも僕は我慢するしかなかった。表面上だけでも自分の居場所を見つけていないと、学校の時間が耐えられなかった。そこまで強い人間じゃないとわかっていた。

表面上はみんな仲良しという設定だから、表立っていじめられるようなことはなかった。とても静かないじめだった。

そして、家で誰もいないときに、ついぽろっと黒いもやみたいなものを吐き出すように「死にたい」と口にしてから、それが僕の口癖になってしまったのだ。

水風船は膨らみ続けた。とても静かないじめはいつまでも続く。そして、普段は隠れていてもときおりにそれは姿を現す。

冗談を言い合って友人が僕を突き飛ばした時、その先にいた女子生徒はまるで汚いものが近くに来たかのように体を縮めて、僕からサッと身を引く。

僕が体育で活躍すると、「飛べる豚や」とヤジが飛んでくる。中でも率先して言っていたのは、クラス変えしたばかりに時に「楽しいクラスになりそうやな」と言ってきた隼だ。

それまで僕に気を使っていたカーストの一番下の層の生徒が、好機とばかりに僕を馬鹿にして、黒板に貼ってある長細い磁石を投げつけてくる。馬鹿にした下の層を捕まえてボコボコにしたら、「教室で暴れないで」とクラスの女子が机を叩いて僕に怒鳴る。どうして僕が悪者になる？　どうしたら悪者じゃなくなる？　こうやって風呂場で延々と水面を見ながら考える。

教育実習生のお別れ会で、なんでもバスケットをしていた時、鬼が「何でもバスケット」と叫んだ。全員が椅子で丸く囲まれた中で入り乱れる。僕は混雑する人ごみをかき分けてようやく席に着いた。しかし、僕の隣に座っていたのは赤山で、彼女は「うわっ」と声をあげて、あえて鬼になってでも僕の隣から逃げ出した。さすがの僕でも、教育実習生のお別れ会で、特別な日で、クラスみんなの前で、この屈辱には心が抉られて、血の気が引いた。

耐え切れなくなって、一度ぽろっと母親に赤山のことを話してしまった。僕は自分の過ちに気づいて、すぐに「大丈夫だから。大したことないから」と付け足した。しかし、母親は赤山の母親と仲が良く、僕のことを伝えたらしかった。後日、僕は赤山から「いいお母さんだね」と皮肉たっぷりに言われた。自分だけならよかった。唯一の味方である家族まで馬鹿にされたことに本当に腹が立った。だけど、「うん。いいお母さんだよ」と返すのが精いっぱいだった。でも、それと同時に、なんで赤山の母親に言ったんだと母を恨んだ。もちろん僕を思ってのことだとわかっていながら、それでも母が憎かった。

仮病を使って一週間学校を休んだりもした。家族に心配をかけているのがわかって、さすがに次の週は登校した。学校は苦でしかなかった。先生も大して気にかけてくれないし、待っていても状況は何も変わらない。

救いがあるとすれば部活のバドミントンだった。部活に赤山がいるとはいえ、バドミントン自体は楽しかった。実力はあったので、少なくとも試合の時は頼りにされた。学校を休んだ日以外は部活に参加したし、休日の部活も休んだことはなかった。

それでも、水風船が決壊寸前なのがなんとなくわかった。

もう嫌だ。この状況はもう嫌だ。学校に行きたくないと叫んでしまいたい。でも、きっと叫んでしまったら二度と学校には行かなくなる。

僕は自分が嫌いだった。自分を殺してしまいたかった。本気で自殺も考えた。でも、自殺する勇気はなかった。だから、僕は考えた。この状況を打破する方法として、仮面を被ることを思いついた。以前、友人から「お前はキレやすいな」と言われたことがあった。ショックだった。初めてそんなことを言われた。自分では気づかなかった。僕はそんなキレやすい今の自分を殺したと仮定して、いつもニコニコしているもう一人の自分を誕生させた。みんなの前ではニコニコと仮面を被りその役を演じることにしたのだ。

でも、それだけじゃあダメだと思った僕は、班長という役職を活かして班替えのときにメンバーを操作した。何かしらの遠回しな言い訳をつけて赤山と同じ班になることを回避して、一度も話したことがない人を自分の班員にした。まず、隣の席の人から仲良くなるという草の根活動を始めた。自分の武器を考えた時に僕は班長という役職と多少のトークができたからだ。トークといってもグループでのバカ騒ぎは苦手で、マンツーマンなら盛り上がって話せるという程度だが。

とはいえ効果はてき面で、突き飛ばされた僕を避けた女子生徒とも普通に話せるようになったし、これまで僕のことを良くも悪くも思っていなかったカースト中位層のグループに入ることもできた。とりあえずは居場所ができて、水風船に小さな穴があいた。そこから、少しずつ水が外に出て行った。

だが、僕の扱いが簡単に変わるはずもない。下位層の奴らは僕を見くだして、「なにか面白いことしてや」と毎回のように言ってくる。僕はニコニコと演技しながら、心の中では血が出るほど、唇を噛みしめて、その時流行っているお笑い芸人のネタや意味の分からない一発ギャグを、恥ずかしさを必死に堪えて披露したりした。

極力怒らず、自分を捨てて、相手に合わせて、ずっと笑っての日々。すでに嫌われているんだから嫌われてもともと思って、思えなくても思ったふりをして、必死に仮面の自分を演じた。

その期間は二年に及んだ。途中「いつまで続けるんだろう」「もう疲れた」と仮面が砕けそうになったときもあったが、バドミントンや在籍しているグループ、そして家族が心の支柱になってくれて、二年間耐えた。心のふるさとがあるありがたさを初めて知った。中学を卒業するまで、僕は班長や代議員といった班を編成する役職につき続けて草の根活動を続けた。赤山は確かにカーストの上だが、ギャル系の威張っているポジションだったので、中位層や下位層の人達からは目の仇にされていた。だから、彼女に逆らえなくても不満を持つ生徒は意外に多くて、それが功を奏して草の根活動は順調に進んだ。そのおかげか、赤山とその取り巻きの女子以外のクラスメートとは普通に話せるまでになった。

これが漫画なら、中学を卒業するころにはかわいい彼女もできて、赤山と和解して、親友もいて、なんてサクセスストーリー展開になるのかもしれないけれど、そんなことは現実には起こらない。彼女はできなかったし、赤山は僕を嫌い続けた。本当の自分を閉ざして、もう一人の自分を演じたままの僕に、真の親友と呼べる人はいない。特別仲の良い人はいても本音で話すことはない。僕は無難に中学生活を終えたと思えるまで自分の立場を上げることだけに必死だった。居場所の確保に尽力した。中学卒業は解放だった。ようやく解放されたと思った。

中学三年生は勉強も頑張ったので、地区で一番偏差値の高い高校に進学することが決まったし、そこのバドミントン部は強いと評判だった。そして何より、そこには赤山がいなかった。

現在大学生の僕は、当時本当につらかった中学時代を笑って話すことができる。今の自分があの場にいたら、あのイジリにはとぼけたように返答するなど、もっと上手く対応できただろうなと思うけど、そんな机上の空論を述べて、過去を反省しても仕方ない。ただ、こんなことを中学生の僕に、それも自殺すら考えていた時期の僕に言ったら怒られるかもしれないけど、後日談として僕はこの中学時代を過ごせてよかったと思っている。

高校に入ってようやく仮面が外せると思っていざ外してみると、仮面の下は仮面と同じニコニコした表情だった。こう書いてみると、なんだかホラーや奇妙な話のように聞こえるかもしれないが、そんな人生の不可思議な現象を言いたいのではなく、あの地獄のような二年間がどうやら僕の人格に大きな影響を与えていたらしい。ようやく肩の力を抜いて本当の自分を出した時、たいしたことでは怒らなくなっていたし、バドミントンは本気でニコニコしながら楽しめたし、部活の顧問にも普通笑っていたら怒られるのにお前は楽しそうやなと許されるし、周りからお前は仏のような表情だって言われるし。もちろん前の自分もいるけれど、もう一人の自分を演じているうちに二人に自分が混じり合って、それが本当の自分になった、というのが僕の見解で、現在の自分の性格は人間関係を築く上でとても有利に働いている。大学生になって、今でも性格だけは褒められる。尊敬している先輩に「お前はこのままいけば人格者になるだろうな」とまで言われた。本当にうれしかった。僕は今の自分が好きだ。だから僕はあの時期に感謝している。感謝できる日がきたのだ。

　周りが大人になったこともあるけど、やはり心に余裕が生まれたのは大きい。今はもっぱらシャワー派だけど、たまに銭湯に行った時、耳までお湯につけて暗闇にいても、考えるのは今日楽しかったことや明日してみようと思うことばかりだ。湯船に浮いたお面の表情はきっとにやけている。

結局、何が言いたいかというと、身近に起こっているつらいできごとは将来お酒の肴にできる。だからきっと今これを書いていることすらもネタにして、僕は本音を話せる友人とお酒を飲むだろう。

成人の部　最優秀賞

「生きれば」可能性は無限

K

小学生の時と、中学生の時、私は男子にいじめられていました。「でぶ」「ちび」「くさい」と聞こえるように小声で言われ、目が合うだけで嘲笑(ちょうしょう)され、いつの間にか笑えなくなり、いつの間にか、毎日〝消えたい〟と思うようになりました。

小学校も中学校も、最初からいじめられていたわけではありませんでした。最初は皆『ふつう』でした。しかし、だれかひとりが「くさい」と言い始めると、少しずつ、さざ波のように陰口が広がっていきました。今思えば、我が家は貧乏で、母子家庭で、洗濯や洗髪の頻度は他の子達よりも少なかったです。実際に、くさかったと思います。しかし、自分ではそのことにも気づかず、脳天気に日々を過ごしていました。

最初に「あれっ？」と思ったのは、小学四年生の班学習の時です。班で話し合うために机をくっつける時、向かいの席の男子から、机と机の間に少し隙間をあけられました。最初は不思議でしたが、皆がそうするわけではなかったから、気になりませんでした。しかし、いつしか、クラスの男子は、ほぼ全員、私と机をくっつけなくなりました。その頃から、陰口が耳に入ってくるようになりました。これが、一度目のいじめでした。

陰口に気づいてからは、毎日人の目が気になりました。その場にいるだけで、生きていることを否定され続けている気分です。暴力を振われたことはありませんが、言葉が、視線が、表情が、距離が、私を追い詰めていきました。陰口を言わない人や、机をくっつけてくれる人もいましたが、私を嫌いな人のことで頭がいっぱいになり、びくびくと、おどおどと、なるべく目立たないように日々をやり過ごすことしか考えられませんでした。もともと大人しい性格だったので、先生も親も異変に気づかなかったようです。五年生になりクラス替えがあっても状況は変わりません。陰口がはじまってから一年ぐらいで、ついに限界がきました。親に、クラスでくさいと言われること、机を離されることを、泣きながら話しました。親は激高し、学校に怒鳴り込み、大変な事態になりました。私は相談したことを後悔しましたが、誰も仕返しには来ず、陰口もなくなり、わざわざ自分の親といっしょに家まで謝罪に来てくれる子もいました。驚くぐらいあっけなく、いじめは終わりました。それでも、人と距離をつめることは怖く、私は相変わらず、毎日をやり過ごしながら生きていました。

中学生になるころには、少しずつ、傷は癒えていたと思います。しかし、中学一年生の夏。私は運悪く、真夏に腕を骨折してしまい、一ヶ月以上ギプスをつけて過ごすことになりました。私の通う学校は山の上にあり、太っていた私は毎日たくさんの汗をかきました。ギプスの中は汗で蒸れてかゆく、ひどい状態でした。いつの間にか、また、悪口がはじまりました。同じ小学校出身の子達は、以前のことを覚えているのか、優しくしてくれました。しかし、小学校の時は接点のなかった男子や、違う小学校から進学した男子が、やはり陰口を言ったり、すれ違いざまに露骨な悪口を言ったりするようになりました。ギプスがとれてもその状況は変わらず、「またか」と思いました。それでも今度は、優しくしてくれる人達にも目が向き、毎日それなりに楽しく過ごしてもいました。担任もいじめには気づいていたようですが、学校のことは学校で解決したいという考えだったらしく、親には何も連絡が入りませんでした。

そんな毎日が、ある日突然崩れます。いつもどおりに登校した時のことです。私の机の上に、何か書いてありました。遠目にはよくわかりませんでしたが、一瞬で全身の毛穴が開き、妙な汗をかいたのを覚えています。今すぐ帰りたいと思いました。しかしそんなわけにはいきません。教室は、いつもどおりの雰囲気です。仲のいい子同士で談笑しています。何もかも、いつもどおりでした。一歩ずつ、机に近づきます。なんと書いてあるのか、はっきり読み取れたときのショックは、今でも覚えています。

〝死ね！〟

そう、書いてありました。ボロボロの薄汚れたシャーペンもいっしょに転がっていました。きっと、落し物箱から拝借したのでしょう。濃く、はっきりと殴り書きされています。

真っ白な頭で、鞄を椅子に置き、筆箱を取り出します。立ったまま、左手を机につき、右手で消しゴムを握りしめ、ゆっくりと殴り書きを消しました。黙々と手を動かしても、中々綺麗に消えません。教室はいつもどおりの雰囲気で、誰も私を見ていません。半分ぐらい薄くなったところで、手に力が入らなくなりました。鼻の奥がツンと痛みます。顔に熱が集まり、唇がぶるぶると震え、ヤバいと思ったとたん、一気に涙があふれました。消しゴムも消しクズも、薄くなった殴り書きもそのままに、ハンカチを持ってトイレに駆け込みました。トイレには幸い誰もおらず、一番奥の個室に入って鍵を閉めました。落ち着いたら戻ろう、誰かに見られる前に全部消さなきゃ、そう思いながら涙をぬぐいます。けれども、後から後から涙があふれてきます。抑えようとすればするほど嗚咽が漏れ、目が腫れていくのが自分でもわかりました。朝の会が始まる前には席に戻りたいのに、という焦りも出てきます。一旦顔を洗おうと個室から出た時、同じクラスの女子三人がトイレに入って来ました。嫌だ、見られた、そんな気持ちで、頭も心もパニックでした。そんな私にびっくりした様子のその子達でしたが、「どうしたの？」と、優しく聞いてくれました。私は、何もかもぐちゃぐちゃでしゃくりあげながら、机に死ねと書かれていたことを話しました。どんな流れでそうなったのかは忘れましたが、気がついたら教室に戻っていて、先生がクラス全員に誰がやったのか心当たりはないかと、問いかけていました。もちろん誰も何も言いません。私にも心当たりはないのかと、皆の前で聞かれました。ないですとしか言えません。心当たりがあったとしても、あんな状況では何も言えません。ただただ、消えていなくなりたかったです。すべてをリセットしたかったです。陰口には慣れていましたが、文字という見える形で敵意をぶつけられたのは初めてでした。誰かが消してくれたのか、机は綺麗になっていました。しかし、私の頭の中には、シャーペンで書かれた「死ね」の二文字が、今でも鮮明に思い出されます。これが二度目のいじめでした。

公に、机に死ねと書かれた子になってしまった私に対して、遠慮が消えていきました。面と向かってひどい言葉を言われたこともあります。何回も死のうと思いました。でも、怖くて死ねませんでした。殴り書きの件は親に知られておらず、小学校の頃にように、びくびくと毎日を過ごしていました。また親が怒鳴り込むのも怖くて、中々相談できませんでした。

しかし結局、耐え切れなくなり、親にいじめのことを言いました。案の定、親はすぐ学校に連絡し、私を置き去りにしてすべてのことが進みました。校長室に呼ばれて、校長先生に頭を下げられ、主犯格とされた子達に謝罪され、私を置いて、何もかもが済んでしまいました。あっという間すぎて、どんなやりとりがあったか覚えていません。それから陰口は言われなくなりましたが、解決した実感もないまま、人と関わるのは怖いと思ったまま、私は中学を卒業しました。

高校と大学では、いじめられることもなく、それまでの生活が嘘のように楽しく過ごしました。人と関わるのが怖かったですが、環境に恵まれ、暖かく接してもらう中で、人づきあいを楽しめるようになりました。匂いも意識しはじめ、自分で気をつけるようになりました。

大学も無事卒業し、今は医療福祉系の仕事をしています。いじめに感謝はしませんが、あの経験がなければこの仕事に就くことはなかったでしょう。そう思うと複雑な気分です。

振り返ると、いじめには『はじまり』はないのだと感じます。何もかも『いつの間にか』起きていました。私にも嫌いな人はいるし、陰口をたたきたくなることもあります。嫌いな人について「嫌い」と本人の知らないところで言うのはいじめでしょうか。聞こえない陰口はいじめでしょうか。苦手な人と距離をとるのはいじめでしょうか。私は、自分がされていたことはいじめだったと思います。しかし彼らが、私をいじめているつもりだったのかはわかりません。ちいさな陰口や、ちょっとした距離が、いつの間にか、いじめになっていました。集団の力は恐ろしいです。誰かが先陣を切らなくても、いつの間にか、大きな力が働いていきます。いじめは、じわじわと、集団の中で広がっていきます。

なぜ、いじめは起きるのでしょうか。嫌いな人と仲良くする必要もないけど、わざわざ積極的に傷つける必要もないはずです。もし今、意識して誰かを傷つけている人がいたら、すぐにやめたほうがいいです。あなたがしていることは、相手にとってはいじめかもしれません。あなたは気がつかないうちに加害者になっているかもしれません。あなたの今日の一言が、何日後か、何ヵ月後か、何年後かに相手を殺してしまうかもしれません。

もし今、いじめられている人がいたら、絶対に死なないでください。今は、生きることが死ぬよりつらいかもしれません。でも、生きていてほしいです。生きている限り、可能性は無限にあるのだと、死ななかったからわかりました。誰かのためではなく、自分のために、いつか訪れるたくさんの幸せをかみしめるために、どうか、死なないでほしいです。私は、死なないでいてくれた自分に、心から感謝しています。誰しも、そう思える日が来ると信じて、どうか生きていてほしいです。学校なんか行かなくてもいいから、あなたの人生を、あなたのために使ってください。

成人の部―アグネスチャン賞

もう少しだよ

永瀬　文奈

突然始まった「無視」といういじめ

いじめという暗闇のトンネルは、経験したことがある人にしかわからないほどにつらいものだ。どこに終わりがあるのかもわからない。

私も中学二年生の時にいじめを経験した。同じ部活の友達が急に私のことを避け始め、無視が始まった。最初は気のせいであってほしいと本気で願った。しかし、それは気のせいではなく、いじめという地獄の始まりだった。

同じ部活の仲間から無視されるというのは、学校で一人ぼっちになるのといっしょだった。中学時代は部活動の繋がりが全てという人も多いだろう。私もその一人だった。部活の友達が普段の友達でもあり、クラスの仲間でもあった。

きっかけは覚えていない。しかし、急に無視されたことは今でもはっきりと覚えている。

いじめが始まってから、私は学校でも部活でも塾でも一人ぼっちになってしまった。どんなに私が話しかけても無視される日々。私を見ると、あからさまに嫌な顔をする友達。ついこの間まで楽しく話していたのに。私は急に始まったいじめにどうしていいかわからなくなった。

そして何よりも人の目が気になった。一人で帰る帰り道。一人で歩く移動教室。一人ぼっちの休み時間。クラスメイトにいじめられているってことを知られたくなかった。一人でいることがみじめで誰にも見られたくなかった。

私はこの時、「自分は誰にも必要とされていない、嫌われ者」だと本気で思っていた。

部活でも無視され続け、とうとう部活にも行けなくなった。しかし私は親にいじめられていることを知られたくなかったので、いつも通り朝早くに家を出て、人目のつかない公園で時間をつぶした。放課後の時間もいっしょで、真っ暗になるまで公園で一人ぼっちで過ごした。中学二年生の女の子が一人で……。泣きながら。

何度泣いたかわからない。何度死んでしまおうと思ったかわからない。苦しくて、苦しくて、いつも泣いていた日々だった。

けれど私は死ななかった。いじめた人を恨んで死んでしまおうとも思ったができなかった。それは私に大切な人達がいたからだった。いつも喧嘩ばかりしているお姉ちゃんだったけど、時々私に優しくしてくれたし、鈍感なお母さんは私がいじめられていることに気づかずに呑気（のんき）にご飯を作ってくれた。一生懸命に働いて家族を守ってくれるお父さん。そんな家族を思うと、死ぬことだけはできなかった。

つらくて悲しい日々の中でも家の中だけは普通で、私はその普通の雰囲気に支えられていたのかもしれない。

勇気を出して逃げることをやめる

いじめが始まって二ヶ月……。私はいつまでも逃げているのは自分だと気がついた。部活に行くのは怖い。でもこのまま逃げていても自分に絶望していくだけだ……。そう思った私は、勇気を出して再び部活に出ることにした。最初の一歩を踏み出すのはとても怖い。でも逃げている方がもっと嫌だ。

私が部活に顔を出すと、友達は驚いた表情で私を見つめた。そして案の定罵声を浴びせてきた。

「部活に来るんじゃねーよ」

「お前が来ると目障り（めざわ）りなんだよ！」とか。

でも私はもう逃げないと決めていた。どこで強くなれたのかはわからない。でも逃げていても何も変わらないことだけは知っていた。

私はそんな罵声を浴びても、自分にだけは負けたくなかった。だからどんなにひどい言葉を言われても部活動に出続けた。たった一人で……。

そして終わりはあっけなくやってきた。いじめが始まって三ヶ月……。私が勇気を出して部活動に出続けた結果、友達が急に謝ってきたのだった。私は突然のできごとにビックリしたが、友達を許した。つらく苦しい思いをしたのは友達のせいだったかもしれない。でも私は許した。それは上辺だけではなく心からだ……。

結局私が無視されてつらかったのは、友達のことが大好きだったから。大好きな人に嫌われてしまうこと、それは大人でも子供でも悲しいことだ。そして人間は完璧じゃない。

どうして友達が急に私に謝ってきたのか、今でもわからない。

でも考えられることは勇気を出して、逃げることを辞めたことだったとも思う。

結局人間は頑張っている人に心を打たれる生き物だから。でも頑張らないこともすごく大事で、私のように一旦は頑張ることをやめて、再び自分の気持ちが変わったら、頑張ることをすれば良いと思う。頑張って、頑張って……無理に笑顔を作って、自分に嘘をついていたら、結局自分が疲れて死を選んでしまうこともある。だから、いじめに克服法があるとしたら、それは自分の心と体に嘘をつかないこと。無理をしないで、休めるなら休んでもいいと思う。そして休むだけ休んでもう一度頑張ってみようかなと思ったら頑張ってみてもいいと思う。もちろん無理はしない範囲で。そして信用できる大人には必ず相談することだと思う。

暗いトンネルの先には、必ず明るい光が

私は今も、その部活仲間と大の仲良しだ。とても大事な友達だと思っている。そして友達は三十歳になる今でもいじめたことを気にしている。大人になって泣きながら謝られたこともある。それくらいにいじめた方も大きい傷を背負っていくのがいじめなのかもしれない。今思うのは、いじめられた方よりも大人になってそ

の罪に気づくのはいじめていた方だ。だから私は笑って許してあげたい。

子供だから仕方ないと言ったら、それで終わりだけど、私はあの時のいじめを全てが嫌な思い出だったとは思わない。

いじめを通して学んだことは山ほどあったから。友達の大切さ、当たり前だと思っていた家族の優しさ……。そしてありのままの自分を知ることができた。

しかし今の時代にはネットという怖いものはある。ネット社会はほとんどがマイナスで埋め尽くされている。ネットを開くと人の悪口が目につくのは私だけではないだろう。ネットを暇つぶしに見て暗い気持ちになるのなら、自分の大好きな明るい本を読んだ方がいい。勉強してみるのもいい……。

悪いことは、「見ざる、言わざる、聞かざる」が一番だ。いじめに困っている人も、どこかで自分を悪く言われているんじゃないかと不安を抱いていたのかもしれない。そしてその通りに不安を引き寄せたのかもしれない。

だからどんなことでもいい。自分の好きなことに積極的に関わることが大切だ。

それは漫画でもいいし、アイドルでもいい、好きな人でも。悪いことは考えないようにして、明るい方へ明るい方へと自分の考えを持っていく。

そして誰になんと言われようと、自分という人間をあなたが見捨ててはいけない。

いじめはきっとなくならない。でもあなたが自分を好きでいれば、きっと乗り越えられる。

自分……そして家族と愛情で繋がれていたいですね。そうすればきっと暖かい心で生きていけると思います。

あの時、誰にも必要とされていない、嫌われ者と思っていた私が……今では自分を大好きです。そして今とても幸せです。

真っ暗なトンネルは永遠ではない。いつか必ず希望の光が見えてきます。だから絶対に諦めないでほしい。今私もはっきりと言えます。あの時死ななくて良かった。だって素晴らしい未来は皆に平等に用意されているのだから。

明るい心で明日を見れば、きっと明日が輝きます。明日のことを考えるのがつらければ、もう少し遠い未来でもいいです。夢を抱いて、つらいことを考えるのをやめて、明るいことを考えよう。そしてどんな自分だとしても愛してあげてください。あなたが自分を好きでいれば、絶対にいつの日かあなたを大好きだと言ってくれる人に出会えるはずだから……。

どうかそんな素晴らしい未来を諦めないでね。もう少しだよ。もう少しで光が見えてくるからね。

この世界からいじめがなくなり、愛と喜びと平和で人々が輝きますように……。心から祈っています。

成人の部——優秀賞

死ななくてよかった

たかこ

小学生の時でした。

私はある日、信じられない「言葉」を受けました。

それは、あなたはこの世からいなくなればいい、というような内容でした。

心臓がドクンと鳴り、目の前が真っ白になりました。

どうしてこんなことが起こっているのか、理解ができませんでした。

友達がいるはずなのに、この時の私は誰のことも信じられなくなり、誰の顔も見ることができません。完全に固まっていました。


言葉は、人を生かし、そして時には殺してしまう、とても繊細なものです。

私は、地球上でひとりぼっち。そのような気持ちになりました。

世界が急に逆転したような、地獄のようなその気持ちは、大人になった今でもよく覚えています。


いじめを受けて自殺した人について、そこまでしなくても…と言う人もいるでしょうか。

私は、死にたくなるような気持ちを経験しました。

もしいじめの経験がなくても、その人の心情を、自分自身や愛する人の立場に置き換えて考えてみてほしいです。


いじめを受けるということは、自分の存在の有無を見失うほど心への悲しみと不安が大きいのです。「居場所」がないのです。

親に相談したら、親が悲しむ、かわいそう、という気持ちもありました。

その言葉を受けてから、私はしばらくして遺書を書きました。

生まれて初めて書きました。こんなものを書いている自分がかわいそうでした。

涙がぽろぽろこぼれて、こんなことをしてはいけないとわかりながらも、ほかに行き場がありませんでした。

ただ、家族の顔だけが浮かんできました。

死に方はどんな方法があるのだろうかと考えながら帰宅しました。

するとと母が、私が元気がないことに気がつきました。
「何かあった……?」
その言葉をさらっと流そうとしたのに、気づけば涙が流れていました。
私は、母に学校であったことを話しました。もっと涙がこぼれていきました。
母は落ち着いて、「大丈夫だから」と言いました。
そして、二人で担任の先生に話すことになりました。

数日後、先生はいじめについての授業をしました。
映像や言葉を通して伝えられ、気づけば先生の目から涙がこぼれていました。
私は少し驚きました。
いつも穏やかで優しい先生の、こうした姿は見たことがなかったからです。
先生のその涙を忘れることは生涯ないと思います。
死ななくてよかった、そう思いました。
死んでから、涙を流さなくてよかった。

私を大切に思ってくれている人達がいるという当たり前のことを、忘れそうになっていました。私は遺書を捨てました。

それから嫌な思いをすることはなくなり、私は中学生になりました。

そこは、男女共にいじめ、嫌がらせが日常茶飯事でした。

ああ、うんざりだ。どうしてこんな子供ばっかりなのだろうかと思いました。


ある日の授業中、よくからかわれている天然パーマの女の子の髪の毛に、男子がライターで火をつけました。信じられません。

私は急いで、素手でその火を消しました。誰も、動きもしませんでした。

その次の日の朝、私の上履きにはたくさんの画鋲が入っていました。

気づかずに履いてしまったので、足はとても痛かったですが、怖くも悲しくもなんともありませんでした。

孤立しているその女の子のそばに、なるべくいました。

グループは違いましたが、いっしょにいて話してみると、とてもユーモアのある子でした。

それからしばらくして、その子に対するいじめはなくなりました。

おそらく、いじめる人達にもなんらかの〝事情〟はあると思います。

けれどその事情によって、人をいじめるという行為は間違いです。

それは、とても惨めな姿で、最高にかっこわるい。自分がかわいそうだと思いなさい。

もっとほかにできることはあるはずです。

後に、とんでもないことをしたと気づく時は必ずくるでしょう。

けれどその時には手遅れかもしれません。

また、いじめた人は、いじめられた人の傷も含めて、もっと重く、深い傷を生涯持って生きていくことを知ってください。

それはとても苦しいことだと思います。

そして、いじめられている人に伝えたいです。

すべてが真っ暗に見えるかもしれない。

それでも、あなたを唯一無二に愛する人がいることを忘れないでいてほしい。

苦しくなったら、その人のために、負けずに生きてほしい。

「今」は、永遠には続きません。未来は変わるのです。

今がどんなに絶望的でも、目をつぶって、深呼吸をして、大切な人だけを思い浮かべてください。

そして、人生で一番の勇気を出して、助けを求めてほしいです。

大丈夫。あなたがあきらめない限り、明るい未来はあなたを待っています。


いじめをただ見ている人に伝えたいです。

あなたの勇気が、その一言が、その人を救うかもしれないということを覚えていてください。

人の目を気にするより、自分の心に、正直に生きる人になってください。
難しければ、みんなの前じゃなくてもいいのです。
孤独な人の心に、そっと寄り添ってあげてください。
その行動は、あなたを救うことにもなるでしょう。

まわりに元気のない人はいませんか？
あなたも、まわりの一人一人も、誰かにとってかけがえのない、大切な一人一人です。
となりに笑顔を向ければ、相手も、自分の心も明るくなります。
うれしいですよね？

そんな世界が広がりますように。

一般の部　入賞

二十八歳の新生児

――「死にたい」病を乗り越えて――

上村　知世

十四年前、私は「いじめ」にあった。

そしてそこから私の人生には「精神障害者」というネームプレートがついた。

いじめの内容自体はよくあるものだった。リーダー格の女の子を中心に、無視をしたり、私にも聞こえるように悪口を言い、嘲笑う。

私の前にも数人の子が被害を受けていたが、そのどれもが二週間程度で終り、次の標的へと移った。きっと、あの時の誰もが「次は私かもしれない」と思っていただろう。だから、自分の番が終わると安堵し、再び標的にならぬよう、次のいじめに積極的に参加した。自分がされて嫌だったこと、悲しかった気持ちは「また私の番が周ってきたら」という恐怖を前に薄れてしまっていたようだった。

そんな周期性のあるいじめは中学三年生で始まり、私の番がくるまでに、そう時間はかからなかった。

ある日、登校し挨拶をしても誰からも返事がこなかった。そもそも誰一人、こちらを見てもいない。

「きた」

たった一言、そう思った。

たった一言だけど、これからどうなるのか容易に想像できた。怖かった。けど、二週間耐えればいい。二週間耐えれば、私の番は終わる、変わるはずだった。

二週間が過ぎ、無視や悪口は止むどころか悪化していった。リーダ格の子が居ない時には話しかけてくれていた子も、次第に目も合わせてくれなくなった。いっしょに通学していた小学校からの友達も、学校に着いたとたんに私のそばから離れていく。ついさっきまで、TVドラマがどうの、あのマンガのキャラがどうのと談笑していたにも関わらず、だ。

リーダー格の子を含むいじめの主要メンバー五人によって、学校での私の存在は消えた。存在しないはずなのに、蔑む言葉はよく届く。

いじめが始まって一ヶ月、限界だった。

傷ついてないふりをして、気づいていないふりをして、今まで通りに話しかけ続けていれば、長引くことはなかったのかもしれない。それでももう、その時は限界だった。私はいじめを担任に伝えた。

　それからすぐのことは正直覚えていない。学校に行きたくないと泣く私を両親が無理やり車に乗せて登校させていたらしいが、やはり覚えていない。そんな中でも、私が覚えている記憶と感情がいくつかある。

　それは、担任をはじめ、教師はみな優しかったけれど、その優しさは、「教室に入れなくなり保健室登校となった可愛そうな子」に対するものだった。そう。学校は「いじめ」をなかったことにしたのだ。悲しかった。

　また、ある日両親が学校へ来ることになった。どうしてだったかは覚えていないが、私のことでということは確かだろう。その時の両親の態度は、私をさらに悲しくさせるものだった。私は、両親に守ってほしかった。

「どうしてうちの子がいじめられて、保健室に登校するのがやっとなのに、いじめてる子達は何事もなかったかのように過ごしているんだ!!」と怒ってほしかった。けれど両親は「先生達の言う通りにしていれば間違いない」と考えていたのだ。

「子育ては常に初心者。ましてや、いじめを受けている子の子育てはどうしたら良いかわからない。でも先生方は様々な子供の成長を見てきて指導している。そんな先生方に任せておけば安心だろう」

今だったらその考えもわからなくはない。両親は両親なりに私を守ろうとしたのだろう。けれど私は、教師に対して、いじめてきた子達に対して怒ってほしかった。私にとって「守ってもらう」とはそういうことだった。


そして、夏がやってくる頃から、急にいじめっ子達が保健室まで私の給食を持ってくるようになった。大方、担任から「持って行ってやれ」と指示されたのだろう。本人達の意思はそこにないように思えた。たとえ、本人達の意思もあって持って来てくれていたとしても、愛想笑いに何を話したら良いのかわからなかいけれど一応声をかけようという態度からは嘘くささしか感じられなかった。

「こんな奴らが持ってきたものなんか食べたくない」

十五歳夏。拒食症の始まりだった。

それからしばらく情緒不安定で心が疲弊していた私に、そっと悪魔は近づいてきた。その悪魔とは教頭。教頭は私に言った。

「お前が謝れば丸く収まる」と。

何が丸く収まるのだろう。何で私が謝るのだろう。今の私ならそう考えられたが、あの時の私は少しでも早く楽になりたかった。

「私が謝れば終わるんだ」と思ってしまった。

廊下の先を歩いているいじめっ子集団に勇気を振り絞って声をかけた。

「ごめんね‼」私の謝罪に返ってきた言葉は私を混乱させた。

「いいよ、別に気にしてないから」

（「気にしてない？」この人達、何言ってるんだろう。私、何で謝ったんだろう。）

多分私は、私からででも謝ることで相手からの謝罪を期待していたのだろう。

けれど、実際に言ってみてわかったのは、「彼女達に罪悪感は少しもない」ということだった。パニックになった。自分がされたこと、そのせいでの現状、彼女達のしたこと、その上で何事もなかったかのような彼女達の日々。泣きながら保健室に戻り、気づいたらカッターで腕を深く深く切っていた。血は涙といっしょに溢れ落ち、傷口の痛みは心の痛みと重なった。十五歳秋。自傷の始まりだった。

それからいじめは息を潜めた。相変わらず教室には入れなかったし、普段は挨拶さえもないのに給食を持って来ては、「私達は仲良し」アピールをされ、その気持ち悪さで給食に手をつけられず、家でも徐々に食事ができなくなった。悲しさだけじゃない、訳のわからない恐怖に襲われ、手首を切る回数も増えた。私は変わっていった。それでも周りは何事もなかったかのように卒業を迎えた。

あれから十四年。私は「普通」から逸脱したままだ。

高校に入学するも、クラス全員が女性と知り、入学三日目にして、学校前のバス停で降りられず、終点まで乗り続けたその日から不登校となってしまった。環境が変わったからといって何も変わらない。いじめをいじめとして取り上げず、いじめた側からの謝罪もなく、うやむやにされたままでは、私のなかのいじめは終われなかったようだ。

幸い、退学を申し出た私に、担任が通信制への編入を勧めてくれたおかげで、どうにか高校を卒業することができた。

その間も、心穏やかだったわけではない。私は「死にたい病」に侵され続けていた。もちろん、そんな病名はない。私が勝手にそう呼んでいるだけだ。

「死にたい病」は突然やってくる。訳がわからないほどの不安と恐怖と焦燥感を引き連れてやってくる。その度に泣き叫び「助けて」ともがいた。そのたびに自傷行為を繰り返した。手首を切るという行為は、見えない心の痛みと言葉にできない苦しみを具現化してくれる、いわば代弁行為だった。血が流れることで苦しみを流し、切った痛みは心の痛みを置き換えた。すると、息苦しかった呼吸がとても楽になる。自分の身体を傷付けることで心は守られた。けれど、何度でもやってくる不安や恐怖、焦燥感に対して、手首を切るだけでは収まらなくなっていった。OD（オーバードーズ）をするようになっていたのだ。といっても、処方された安定剤を四十錠くらいを全て飲んだところで、せいぜい三から四日眠り続けるだけだった。だけど、それでも良かった。わけのわからない不安などの暗闇の中で意識を保ち続けるより、よっぽど良かった。それからは何度も何度もODをした。やがて私は、自傷行為や

ＯＤだけでは留まれなくなっていった。たばこ一箱分を湯で煮出して飲んだ。刺身包丁でおなかを刺した。ＯＤで意識が朦朧とする中、車を運転し、電柱に突っ込んだ。

たばこを煮出して飲んだところで、身体はそんな異物を受け付けてくれるわけもなく、飲んだ瞬間、反射的に吐いた。人間の身体って凄い。その後、病院で胃洗浄などの処置を受け、めでたく入院。

包丁でおなかを刺した時、なぜか大好きな歌の「ナイフってのはね、刺す時よりも抜く時の方が痛いんだって知ってた？」というフレーズが頭に浮かび、途中まで刺していた包丁を抜いてみた。痛かった。彼の歌詞の正しさを証明し、私は再び入院した。

車で電柱に突っ込んだはいいが、大きめだったボンネットのせいで死んだのは車だけだった。ごめんよＳ－ＭＸ。そして私はまた入院した。馬鹿馬鹿しいと思われるかもしれない。そんなので死ねるかよ、と思われるかもしれない。でも。死にたい想いは本気だった。

本気だった私は本気のＯＤをすることにした。処方薬で足りないなら市販薬を買えばいい。そう考えた私は何ヶ所ものドラッグストアを巡った。風邪薬などは一箇所で何個も売ってもらえないことが多いのだ。そうやって手に入れたか座薬と鎮痛薬そして処方薬。合わせて約五百錠。「これで死ねる」嬉しいはずなのに泣きながら飲んでいた。そういえば、何かやらかす時はいつだって泣いていた。何の涙かはわからなかったけど。全て飲み終えた私は意識を失った。と、同時に命も、失ったはずだった。

目を覚まして最初に視界に入ったのは天井。「中学校の保健室の天井もこんなのだったよなあ」と思ったそこは、大学病院のＩＣＵ。どうやら母が異変に気づき救急車で運ばれ、どうやらどうやら一命を取り留めてしまったらしい。腕に刺さった針の先には成分輸血のパック。他にも心電図のコードなどで動けずトイレにも行けないため、尿管カテーテルをした上でオムツ…なんか屈辱。でもそれ以上に生きてることへの失望。

しばらくして状態は安定し、いつもの精神科へ転院した。その時の私は一部の感情を失っていた。何が起こっても嬉しい楽しいしか感じないのだ。悲しい怖い怒り、それらは全て初めから存在しないかのような心になっていた。主治医は、それは危険だと言っていた。私にはどこが危険かわからなかった。けれど入院生活も長くなるにつれ、再び涙を流すようになった頃に退院し、それから半年後、私はまたドラッグストア巡りをしていた。もうどうして死にたいのかよくわからなかったけど、生きていたくないことは鮮明にわかっていた。

今回は、風邪薬・鎮痛剤・処方薬に加え、父の高血圧の薬で約八百錠。前回だってずいぶん危険な状態だったのが運良く、私にとっては運悪く助かったのだ。これだけ量を増やせば次こそ死ねる。そして私は通例の如く泣きながら薬を飲みほした。

見覚えある天井。

すぐにICUだと気づく。そして絶望。死ねなかった。あれだけやっても死ねなかった。親は医師から私の死を覚悟しておいてくださいと言われたらしい。目が覚めてからも何度か同じ宣告を受けていたらしい。

それでも。それでもそれでもそれでも!! 私は!! 死ねなかった。死なせてもらえなかった。それは現代医療に？ 親の祈りに？ 自分自身の生命力に？ それとも神様とかいうやつに？ わからない。けれど死ぬことは叶わなかった。

生かされる度に思うことがある。

「心は救えないくせに命だけ救うなよ」と。

その日を境に、私は自傷行為も自殺行為もすることはなくなった。

それは「死にたくなくなった」からでも、もちろん「生きたい」と思ったからでもない《必ず死ぬ保証がない》やり方をやめたのだ。すると、どれだけ考えても

《必ず》死ぬ方法は浮かばなかった。〇・〇一％でも助かってしまう可能性があるのなら、再び目を覚まして生きていることへのあの絶望を味わうくらいなら、生きているほうがほんの少しだけマシに思えた。

そんなに死にたがりな私でも、自傷・自殺行為ばかりしていいわけではない。通信制高校の頃からずっと働いていた。どれもアルバイトで長く続くことは少なかったが、それでも間をあけることなく、次の職に勤めた。

恋愛だってしたし、人並み以上に異性交遊も繰り返した。今となってわかる。私は他人の言葉が信じられず、その行為の瞬間だけは私を求めて愛してくれてると感じていたのだ。なんと愚かな、そして悲しい錯覚。もちろん男性全てというわけではないが、大抵の男性は愛故に行為に至っているのではない。私はその人達にとって都合のいい存在だった。

いじめによる女性恐怖。精神障害を打ち明けられない、または理解してもらえず上辺だけの恋愛関係。それでも愛を求めた末、男性の心理を知った男性不信。見事な三コンボ。

そんな身も心もボロボロな私だが、これまで、ただの一度も「障碍者」と見抜かれたことはない。むしろ「悩みなんて無さそう」「いつも楽しそう」「天真爛漫だね」そう言われてきた。

こんなにも死にたがりなのに。

こんなにも人間不信なのに。

こんなにも普通から逸脱しているのに。

拒食症は十年も前から過食嘔吐へ変わり、酷い日には一日に六回も食べては吐いてを繰り返しているのに。

「楽しそうでいいね」なんて笑っちゃう。

そんな私にも大きな変化がやってきた。

心理カウンセリング中に「もう頑張りたくない」と言ったことだ。普通だったら

「頑張りたくない」なんて甘え以外の何ものでもないだろう。けれど私は、常に健常者に擬態し、仕事や人間関係もそつなくこなし、その分の負担を過食嘔吐で吐きだし、そのせいで身体の負担は見てみぬふりをしてきた。そんな十四年に疲れてしまったのだ。「頑張れない」ではなく「頑張りたくない」それは自分自身を解放してあげる、はじめの一歩だった。

そう思うに達した最大の理由があった。

私の特技であるＰＯＰを作るアルバイトに就いた時のこと。指示を受けた後は作業場で黙々と一人作業。時間を忘れるほど、好きな仕事だった。通勤に一時間かかることもなんの苦にもならないほどだった。

試用期間を迎える頃、「正規雇用で働かないか？」と話をもらった。今までアルバイトばかりだった私だけど、この仕事なら頑張りたい…続けられると思い快諾した。そして、障害を持っていることも伝えた。「全然わからなかったよ‼」と驚いてはいたが、社長には話を通しておくと言ってくれた。そして正規雇用となる三日前。面談に呼ばれた。「なんだろう」と思いつつ席に着くと、相手は視線を泳がせ

「悪い風に捉えないでほしいんだけどね」と何度も念を押し、続けた。「精神障害者の雇用をしたことがないから様子を見させてほしい」と。要は、三日前にして正規雇用は流れたのだ。

私の脳内はクエスチョンマーク満載。

（試用期間での仕事ぶりや態度をみて、アルバイトのままではなく正規で雇おうと思ったから話を出してきたのでは？）

「この二ヶ月間の私を『精神障害者』というネームプレートは軽々と超えていったということですね」私は思わず言っていた。すると相手は憤怒し、声を荒げた。

「そうじゃない。これは会社と貴女との信頼関係の問題でしょう!? そういうことは早く言ってくれなければ信頼がなくなるでしょう!!」

「嘘つき」心の中で呟いた。

その言い分、私が障害をもっていると伝えた時に言われるならわかる。けれど一度了承しておいて断ってくるのは明らかに「障碍者を雇うリスクを負いたくない」だけじゃないか。それはそれでいい。世間は、特に会社なんてのはリスク回避も仕事の一環だろう。それを素直に言ってくれたらいいのに、「貴女が信頼関係を壊した」と声を荒げて言うのだ。一回り以上年上の男性が、声を荒げながら、「障碍者うんぬんではなく信頼関係が～」と宣う姿はあまりに滑稽で、そんな人に悪いのは全て私とされたことが悔しかった。他の障害を持った人もこんな扱いをされているかもと思うと悔しさは倍増しだ。だから笑った。笑って「でしたら辞めさせていただきます」と言った。正規雇用三日前で無かったことにし、その責任は全て私にあると言ってくる非常識には「今日辞めます」の笑顔の非常識で返してやった。本当は泣きそうだった。だけど、泣けばもっと悔しくなる。悪いのは私だと認めたと捉えられる可能性だってある。

悔しいと思ったこと、私《障害》が悪いんじゃないと思えたこと、そして何より、笑って言い返せた自分に驚き、嬉しかった。もっともっと言い返してやればよかったと思うくらいだった。今までの私にはできなかった言動だった。

泣き虫なのも死にたがりが顔をだすのも、夜が怖いのも朝を迎え生を感じるのがつらいのも、相変わらずだが、その回数は減った。

理不尽に少しだけ立ち向かえた。

少しでも負担に感じることは断れるようにもなってきた。

過食嘔吐は未だに治っていないけれど、回数は減りつつあり、なにより治したいと思うようになった。


そして、頑張りたくないと口に出した日から約二ヶ月。働くことはいったんやめ、自分を労わる日々を続けている。今まで転々としつつも常に働いてきたので、「働かなくちゃ!!」という焦りや衝動に駆られることもあるけれど、今働くと、また前の死にたがりに戻るのはわかっているので、なんとか抑えている。

今まで心にばかり振り回されてきたけれど、それが少し落ち着いてきた今、身体までボロボロに疲れきっていたことにも気づけた。もちろん、その身体も労わる日々だ。

十四年間。人生の半分を普通とはほど遠いところで生きるきっかけになったいじめ。

いじめてきた子達を、私は恨んではいない。あの日々があったから普通の女の子が歩む道を進めなかったが、普通では感じられない想いや経験ができた。それは一生の宝だ。

けれど、恨んでいないからといって許しているかはまた別だ。私は多分、許していない。だって、彼女達は私に許すきっかけさえ与えてはくれなかったから。

彼女達にとって中学三年はただの通り過ぎた思い出。いじめてたことも忘れているかもしれない。もしかすると、保健室まで給食を運んでいたことも良いことをした思い出話にしているかもしれない。けれど私はその後の人生や家族を巻き込むほど大きな原因となったのだ。せめて、許すきっかけを与えてほしかったのだと思うのは悪いことではないだろう。

人生の半分を逸脱させられた者として言いたい。誰も、私のような日々は送らないでと。

今の私には宝と言えるけれど。

そして、もし今誰かを恨んでいるならそれも良い。その想いで今、立っていられるならそれで構わない。ただ、恨み続けることで立ち続けることはできても、進むことはできない。ずっと、その苦しみに囚われてしまう。そのことにいつか気づいてほしいと思う。

私はこれから、自立することを目標にゆっくりと進もうと思う。頑張ることをやめたあの日、やっと私は生きることにしたようだ。まだたった二ヶ月余り。赤子も赤子。新生児のようなものだが、それでも、逸脱した人生を逸脱したまま、私は生きる。

成人の部　最優秀賞

今、生きている私の使命

菅野ますみ

汚い、化け物！　突き刺さる言葉

もしも願いが一つだけ叶うのなら、

「皆と同じ姿にしてください」

そんなことを思い描き何度眠りについただろう。でも、朝がきて現実を知る。やるせない、行き場のない感情は心の奥底へと閉じこめる。淡々と身支度を済ませ学校へと向かう。たとえそこが、自分の心をどんなにズタズタに切り裂く場所でも…。負けるものかと絶えず自らを励ました。それが私の中学校三年間の日々。

私は、皮膚の難病を持って生まれた。染色体異常の病気で大人になった現在でも治療法はない。皮膚は明らかに皆と違う。気持ち悪い、汚い、化け物と突き刺さる言葉や視線。差別・偏見の態度。誰だかわからないように投げてくる石やチョーク。教室の自分の机や椅子が廊下に放り出されている。遠目であざ笑っている者、傍観者達。男子のいじめの標的だった。私はいつも立ち向ってきた。それがさらに気に入らないのだろう。

嫌がらせは続いた。学校行事で最も盛り上がる体育祭。皆が楽しそうなフォークダンスの練習の中で、私は手をつないでなんかもらえない。きまって私の所で円が乱れる。ある日、職員室に呼ばれ数人の先生が言いにくそうに私に告げた。フォークダンスはやらなくてもよいとの主旨だった。私からやりたくないと相談したわけじゃない。当日は多くの来賓、父兄が参観する。私が参加しなければまとまるのは目に見えている。その日の練習から見学になった。男子が喜んでいる。この状況を黙認し続けている先生達の存在は、私にとって男子と同類、それ以下となってしまった。

授業も身に入らない。成績はどんどん下がっていく。私はチャンスを見つけてはクラス全体へ幾度となく訴えた。でも、状況は変わらなかった。家族には話さなかった。心配をかけたくなかったからではなく、知られたくなかった。いじめから差別や偏見にさらされている自分が後めたくて、罪に感じていたからだった。精神的に追いつめられて、死にたいという気持ちにとりつかれた。自殺するなら自宅ではしない。家族を第一発見者になんてさせたくなかった。遺書にいじめの事実を書き留め、学校で死のうと思っていた。当時の私のこんな心理状態を知る人は誰もいなかっただろう。私はいつも明るく元気にしていた。あんな日々の中でも毎日毎日、楽しいことを発見するようにしてきた。三年間、意地でも学校は休まなかった。

なぜ、乗り越えられたのか？　私へのいじめは殴ったり蹴ったりと体への暴力がなかった。金銭を要求されたこともなかったのが救いだったのかも知れない。そして、何よりも一人ではなかったからだ。そばにいてくれる友の存在が私をどれだけ大きく支えてくれただろうか。何気ない会話、手紙のやりとり。状況は変わらなくても私の唯一の安らぎだった。そして、生きる力となり明日へとつないでくれた。

「いじめで自殺」新聞やテレビのニュースで知るたびに胸が張り裂けそうになる。いじめの実態を聞けば聞くほどおぞましく何て残虐な行為なのだろうとたまらなくなる。命を粗末にしてと思う人もいるだろう。確かに絶対に自ら死んではならない。でも、亡くなった子供一人ひとりは誰よりも「生きたい」と心で叫んでいたはずだ。本当につらかっただろう…。いじめはどこか遠い所で起きていることではない。私達の日常で今も陰湿に繰り返されているかも知れない。関係のない人は一人もいないと全ての人が感じてほしい。

わが子がいじめられていないかと心配する親御さんはたくさんいると思うが、それに比べていじめてはいないかと心配する親御さんは少ないように感じられてならない。大切な命を失わせてから知らなかった、気づかなかったでは済まされないのだ。

同じ難病の息子が不登校に

あれから三十年、私も今は一児の母となっている。生まれた子は私と同じ難病だった。自身の経験を思いおこしながら子育てをしてきた。息子は幼い頃から身体的にも精神的にもたくさんのことを乗り越え、大らかで優しく、正義感もあり何でも楽しみながら挑戦する男の子に育った。見ていて本当に誇らしかった。

そして、中学生となったある日、学校へ行かなくなった。行けなくなってしまったのだ。不登校。そう、息子は私と同じように差別や偏見の中で一人ぼっちだった。私が中学生の頃は不登校という言葉はなかったと思う。学校へ行かないなんていう選択肢さえ思いもつかなかった。行きたくなくても行かなくてはいけない所が学校だと思ってきた。

ましてや理不尽な差別と偏見で息子には非がない。なぜ、息子の方が引き下がらなくてはならないのか理解できなかった。道ですれ違う登下校中の子供達の触れ合う姿。この中に本当なら息子もいていっしょに笑っているはずなのにと涙がこぼれた。自分の時の何倍も何十倍もつらくて悲しくて仕方なかった。毎日、出口のないトンネルをさまよっているようだった。私は、息子の気持ちに寄りそっていながらも躍起になって登校を促した。息子は学校で居場所がないのに、私によって家での居場所さえなくしてしまった。表情がどんどん暗くなっていく。

「近いのに遠いよ……」

息子がつぶやいた一言が今でも私の心から離れない。誰より近くにいながら親子である私達には距離があった。母である私が、助けを求めた心をキャッチしなかったからだ。学校側とは何度も話し合った、がむなしくなる一方だった。暴力を振るわれ怪我をしたならまだしも、言葉の暴力や態度は相手がやっていないとなればそれまでだ。確かな証拠が残らないだけに曖昧にされてしまう。たまたま明るみに出たこともあった。先生が指導し、泣いて反省をしたそうだ。ところが翌日には陰で同じことを繰り返した。先生だけがその涙を信じ、解決に導いたと思っているだけだった。そして、ハンディのある者に対してのいじめは、「もっと強くならないと」「社会に出たらもっと厳しい」「甘え」「特別扱いはできない」そんな対応が多い。根底のどこかに「いじめがあっても仕方がない」と見え隠れしていた。

親子で得た貴重な体験を語りつづけたい

私は息子の姿を通してやっと気づけた気がする。そもそもいじめに強くなる必要も勝つ必要もないのだ。いじめは人の心を傷つけ、時に命、人生、未来までをも奪う卑劣な行為である。だから自身を守るために逃げて良いのだと…。助けてと訴えても、手を差し出してくれる、寄りそってくれる人が一人も居ないのなら逃げてよいのだ。

私が成人してから同級生の一人が、「あの頃はごめんね」と謝ってきたことがあった。その子は女の子で傍観者の一人だった。自分が嫌われないよう振る舞ってきたことを気にしていたようだ。当時、私はそのことを彼女に指摘し、言い争ったのを覚えている。あの頃には戻れない。でも、素直に嬉しかった。昔のことだとやり過ごすこともできたのに、彼女は私に勇気を持って話してくれた。その真心に感謝している。彼女も母となり三人の子育てをしている。そんな彼女の子供達はきっと人に寄りそえる優しい心を受けついでいくのだろう。

幸いにして私は、あの三年間を生きながらえた。息子も少しずつ表情が和らいできた。これからどんなに月日が過ぎようとも、それぞれの傷は消えない。苦しくて、悲しくて、悔しくて死にたいと思った日々は、トラウマとなり何度も押し寄せるだろう。でも、私はこの命と経験を最大限に活かし、いじめという悪がなくなるよう発信し続ける。それが私の一つの使命だと思っている。そして、いつの日か息子が自分らしく、輝ける時を信じ見守っていきたい。

一般の部 — 入賞

トゲが抜けぬままに

浅木 美雪

世の中、いじめ・自殺が相変わらず、ニュースから消えることがない。聞くたびに、いじめられた子に救いの手をさしのべる人がいないことが残念だ。そう、昔の私と同じ——。

何十年たってもこの「いじめ」という言葉が死語になる日はこないのか……。なぜ、人は大きくなると人を傷つけても平気になるのだろう。幼少期は、みな仲良くできるのに。

私は、「いじめ」という言葉を聞くたび、過去へけり飛ばされる気分になる。それだけ、過去のことを思い出したくはなかった時がある。

トゲのように、心にささって、とても痛い。けれど、伝えたいことがあるから、記しておきたい。トゲはぬけぬままに——。

小学校一年生まで、私はふつうの女の子だった。男女問わず、毎日遊んでいた。人生唯一の、平和な時間のように思う。

転機が訪れたのは、小学校二年生になる前だっただろうか。父の転勤で、茨城から横浜市に引っ越してきたことだった。

最初は、新しい土地に対するワクワク感、これからはじまる生活で、子供の私はうかれていた。しかし、転校初日、極度の緊張感と不安でうまくあいさつができなかった。加えて、知りあいのいない学校、好奇の目によって、不安感によるものなのか……声が出ない。

心が押しつぶされそうだった。日増しに暗くなってゆく私に、イラつく同級生は増えてゆく。最初のきっかけは、おぼえていない。

ただ、いじめっ子はどこにでもいる。いるけれど、女の子を素手でなぐりつける小学生の男の子は、どれだけいるのだろう。

みんなの前で、けられ、ひたすらなぐられる。そして、次の日も同じ――。

時には、どこか人目のつかない場所へ連れていかれて、こわがる私を笑う。トイレに連れていかれて、水をかけられるのは、しょっちゅうだった。先生は何をしてたかといえば、何もしてはくれなかった。後から聞いたことだが、顔がはれあがるほどの、ひどい家庭内のトラブル程度に思っていたようだ。クラスが変わるたび、私はいじめの対象者で、教師の鼻つまみ者でしかなかったのだ。友達はいない。かばってくれる子もいない。

見ているだけで不快だから死ねよ、と言われ続けた。そして、ひたすら人格を否定される日々。いつしか私は、自分を守るすべを身につけた。心のとびらに、いくつものカギをかけて、決して開けられない拒絶する私を生み出した。

中学・高校と進んだが、その間の一切の記憶が定かではない。ただ、中学二年生の時の、ある教師はおぼえている。その教師は、なぜか私という人間をひどく知りたがっていた。その頃の私には、すでにこりかたまっている不信感がうずまいていて、教師に心を見せることはなかった。そんな中、ある施設を紹介された。そして私と同じ性質の女の子と対面した。それからは、一年間の学校に通学しながらの「リハビリ」がはじまった。場面かんもく症という病名つきで。

いつしか私の心の中で、自殺という甘い誘惑が私を支配する。だけれど私は、弱かった。勇気もなかった。死ぬことがとんでもなくこわい、おくびょう者だ。

力でねじふせようとする両親は、私の心を理解しようとはしないし、青春、なんて甘ったるい日々もない人生なのに……。

ただ、生きることにつかれていて、たとえば他人がサックリ殺してくれる方が、どんなに楽なことか。いつでも死ねるよう遺書をカバンの奥にしまいこんで、さあ、どうぞといわんばかりに殺されることを願っていた二十年間は長かったのか、短かったのか、わからない。

そんな日々の中、私の人生を大きく変化させる出会いがあった。その年の秋、仕事はその日も多忙であった。再就職して六年目、だいぶ腰を落ちつける職場になっていた。突然、ひときわ大きな声であいさつする男性がやってきた。取り引き先の運転手だった。

太陽のようだな、となぜかふと思った。

と、同時に苦手なタイプだ。明るく、人なつっこい笑顔。そんなことを考え無愛想な私におかまいなく、毎日、笑顔を向けてくる。

そんな日々が続いたある日、めずらしく、彼は真剣な顔をして、私の顔をのぞきこんだ。

「男性、キライですか?」

何かが、くずれていく感覚を、私は初めて知った。その日以来、私は少しずつだが、人に見せたことのない表情になっていく。ふわふわ、わき立つような気持ち。それなのに、苦しい。この思いを、知ってか知らずか、

「君は、かわいい妹みたいだね」

優しい、笑顔の紳士だった。しばらくして、彼の仕事先が変更になった。さよなら、とは言わなかった。別れのあいさつも、大好きな太陽のような笑顔と、ひときわ大きなあいさつになって、消えた。

「じゃあ、また」

その後、私の心の変化なのだろうか、人との出会いにめぐまれる。出会いは、新しい未来につながるのだろうか。今の夫と出会い、新しい土地へ引っ越した。かつての私は、もう、どこにもいない。中年太りした、母となった私がいて、やんちゃな幼児をしかってる。

私に似ず、明るい笑顔の似合う、男の子。

おだやかな毎日の中で、少しずつあの、彼の顔を忘れていく気がする。あれほど

恋いこがれていた、初恋の人なのに。それだけ、私は老いたのだ。後遺症で、今も笑うのは苦手で、初対面の他人には、緊張感が走る。だけど、それらすべてをおぎなえる年齢になった。

人生、何度でもやり直して生きられることを、彼に教わった。その優しさ、許すこと。私の未来の扉を、少しだけ開けてくれた彼の幸せを、私は静かに祈っている。

心を失くして、暗いトンネルをさまよっている、あの子。笑顔を知らず、無表情で、生にしがみつくあの子。だれに気づかれることなく、ひっそり息をひそめ、もがくあの子。みな、昔の私だ。他人のために心を配れる人間になることは、口で言うよりむずかしい。

私は、いじめや自殺に勝ちました！　と高らかに宣言したい。

そうして、その後に続くであろう仲間達の「勝利宣言」を聞かせてほしい、といつも思う。

だけど、それはだれかの心に届く言葉でなければ、いつまでも聞くことができない。

過去を、許そう。目の前に、光を照らしているみちしるべに気づこうよって、だれの声も届かない人に、伝えたい。私の言葉など、小さいかもしれない。それでも、決して消えないあたたかな言葉を、送り出したいと願って、今、筆を走らせている。

それが、君のすてきな個性なのだから、まず、君が好きになってみてね。

かつて、言葉のプレゼントをくれた彼の、優しい笑顔のように、言葉は魔法をかけたように、私を支えてくれていたから。

たまたま、私はガタイのいい天使に出会って、救われただけで、出会いがなければ、今私はここにいない。止めることはできないけれど、立ち止まってみよう、と思う人がどこかにいれば、「いじめ・自殺」が死語になる日が未来にあれば、子孫に負の遺産を残さずにすむだろう、と私は願わずにはいられない。

今、私はかつてできなかったことをやりたくて、二十四時間では足りないほどだ。穴ボコが空いた時間をうめるかのように、充実している。

未来に向かって、生きる。

これが、私の今の目標だ。

一般の部―入賞

いじめをばねに頑張った七十年

平林　利康

今だから語ることができる私の、忌まわしい思い出です。幼い頃、私は、身体が弱く、肺炎を二度も患ってしまい、闘病生活は長く続きました。そのため足腰が弱く、少し歩くと転んでしまったり、階段から足を踏み外したりして怪我にも悩まされました。ある時、掘りコタツに転げ込み、右手に大やけどをしました。その治療のため、さらに闘病生活が長く続いてしまいましたが、両親の愛と兄姉達の支えのお陰で、小学校へ入学することができました。

ひ弱な幼少期でしたので、学校は休むことが多く、一年を通して、半分ほどしか登校することができませんでした。当然のことながら勉強についていくことが難しく、クラスの中ではバカと呼ばれるようになり、いじめられるために学校へ行くつらい日々でした。

低学年の頃は、男子の仲間が、高学年になると、女子生徒がいじめるようになりました。体格の良い女子生徒に、馬乗りにされてしまうと息苦しく「降参と言え」と要求され、つらい日々が続き大変情けない思いで、子供心ながら何度となく死のうと思ったりもしました。このようなことが続くと、私は、当時流行っていた月光仮面や、ガリバーのような人が、いじめる人達に説得してくれないかなあと願ったものでした。

そんな辛く悲しい小学校時代でしたが、中学・高校と進み、卒業とともに郷土を離れ、大阪の専門学校へ進学することになりました。この二年間が私を大きく成長させ、変えてくれました。

進学した専門学校は、私が卒業した高校からは初めての入学生であったこと、担任の先生が、高校時代の内申書を過分に評価して提出してくださったこと等が要因かと思いますが、クラス委員長を命ぜられました。初めての体験でしたが、張り切って二年間リーダーシップをとることができました。授業内容、体験すること、どれもが貴重な財産となりました。

二年間郷土を離れての生活を頑張ってこられたことも、幼い頃の体験と親の支えがあり、体力的にも丈夫になったこともあり、すっかりいじめからは脱却し、頑張るぞ、という自分に対する強さも生まれました。父の他界もあり、郷土に戻り会社勤務となりました。

四十歳を過ぎた頃でしたか、上司と意見が異なり、長年勤務した会社をリストラされることになってしまいました。さて、これからの暮らしをどうしたら良いのか、試行錯誤した時、頭に浮かんだのは幼少の頃闘病したこと、連日いじめに遭い苦しんだことが、脳裏を去来し、そのことが大きなヒントになりました。

老人や身体障害者の方々、生活弱者の方々にやさしく手を差しのべることに着目しました。ちょうど私の先輩が、医療機器や、福祉機器を扱う会社を経営しておりましたので、ご相談し約半年間研修させていただきました。昭和六十一年、「住まいと介護用品の調和を目指して」をキャッチフレーズに掲げ、会社を設立しました。当時はバブルの余韻も残っていたこともあり、福祉という言葉がなじまない頃でした。

平成に入り、少子高齢化が重要視されたり、平成十二年には介護保険が制度化され、現在では先端産業といわれるほどになってきました。私の会社も二人の息子が跡を継ぎ、頑張ってくれています。子供達も、いつのまにか私の背中を見ていてくれたのか、と目を細め、安堵している昨今です。

いじめのない社会を願いたいのですが、万一いじめられても、そのことをバネに強く生きること、いつかはきっと勝つという強い信念で、チャレンジと不屈の精神を養いたいものです。今は明るく元気に生き抜くことの大切さを実感しております。

今日まで私を支え育ててくれた多くの方々に感謝し、思いやりのある温かい社会を願い、これから電池が切れるまで、精いっぱい社会にご恩返しができるよう頑張ってゆきたいと考えております。

パート2

指導者からの提言

一般の部 ― 入賞

いじめられている君へ

大坪　仁

いじめる奴等は、君を執拗にダメ人間扱いしてくる。そうやって君の自信を奪ってゆく。彼等はきっと本気で君のことをダメ人間だと思っている。だからこそ君をひどくいじめることができるんだ。本気でそう思っていなければ、いじめることなんてできやしない………。

いじめる奴等の、その確信を持った君への扱いには、残念ながら説得力がある。だから君はいじめられればいじめられるほど、自分に対する自信を失っていく。「自分は彼等が言うようにダメ人間なんじゃないか？　いじめられて当然のダメ人間なのかも？」そういう疑念が頭に浮かんでくる。そういう疑念は一度浮かんでくると、なかなか消すことができない。そうなると君が戦っているのは、もはやいじめる相手ではない。君は君の価値を疑ってしまう、君自身と戦うことになる。

つまり「自分はいじめられて当然のダメ人間なのかも？」と疑ってしまう自分と、「イヤ！　そんなことない！　自分はダメ人間なんかじゃない！」そう思いたい自分とが、君の中で戦っている。そして、とてもマズイことにその戦いに負けそうになっている。もしその戦いに負けたら、自分の価値や自分の生きる意味を見失い、生きる気力を失いかねない………。そう感じている。これから先の長い人生を生き抜いていけそうにない………。そう感じている。

もしここまで記したことに少しでも共感するのであれば、そんな君に伝えたい大事なことが二つある。

一つ目は、「個性とは、長所と短所の表裏一体」ということ。
二つ目は、「ピンチとは、チャンスでもある」ということ。

この二つは君にとって、とても強力な武器になるはずだ。

まず一つ目。
よく、誰にでも長所もあれば短所もあるといわれるが、それは一人の中に長所と短所の二つの特徴があるという意味ではない。一人の個性が、見様によっては長所であり、見様によっては短所でもあるという意味だ。だから長所ばかりの人もいなければ、短所ばかりの人もいない。もし自分が短所ばかりの人間だと感じているのなら、それは一方向からしか見ていないから……。ただそれだけなんだ。鏡に映った自分を見るように、反対側から自分を見てみなさい。きっと、全く違って見えるはずだから。

例えば、君の「自信が持てない」という短所は、逆から見れば「自分を疑う謙虚さと、思慮深さがある」という長所ともいえる。

逆に、いじめる奴等は「自分を信じる力が強い」という長所を持っていると言える。先に書いたように確信が持てなければいじめなんてできないからだ。しかしそれは逆に言えば「自分を疑う力が弱い」という短所とも言える。そしてそのせいで彼らには思慮深さが足りない。だからいじめられる人の気持ちや苦しさを想像することができない。色々な角度から考えるということができない、とても幼稚な人間だと言える。だからこそ君をいじめることができるんだ。それは紛れもなく彼らの短所だ。そしてそれらの点において君は彼等より優れていると言える。

他にも劣等感を感じる短所が自分にあると感じているのであれば、その短所を同様に逆から見てみることだ。そしたらその短所が実は長所でもあることに気づくはず。そしてその気づきこそが自信を回復させる力となる。そうやって自信を回復させられれば、自分を疑ってしまう自分自身との戦いにもきっと勝てるはずだ。


次に二つ目。

君は今とても苦しい状況にある。ひどくいじめられ、自殺すら考えているかもしれない。これは大変な「ピンチ」だ。しかしこの「ピンチ」というモノは「チャンス」でもある。なぜならば、世の中の人の大半は、特にピンチでもなく、かといって特別成功しているわけでもない。つまり可もなく不可もない普通な人ばかり。この普通というモノにはほとんど何のチャンスも含まれていない。それに対して今の君の現状は普通の状況とは言えない。君のようなピンチに立たされている人はとても少ない。つまり君には「希少価値」があると言える。……君は特別な存在なんだ‼

普通の人々は、同じ普通の人になんて何の興味も持っていない。彼らは自分とは違う特別な人、例えば特別な成功者、あるいは特別苦しい思いをしている人にこそ興味を持っている。君はその興味に応えることができる存在だと言える。「君がどんな気持ちでいるのか？」「どんなふうに苦しいのか？」多くの人達が君の話を聞きたがっている。それは普通の人々だけではない。君と同じように苦しい思いをしている人達も同様に君の話を聞きたがっている。君が君の話をすれば、「つらい思いをしているのは自分だけじゃない」と彼らは知ることができる。それがどれほど彼らの勇気となるかは測り知れない。つまり君にはそれだけの力がある。それだけの存在価値があるのだ。それはとても大きなチャンスと言っていい。そのチャンスを利用しない手はない。そしてそのチャンスが君にどのような未来を与えてくれるのか……？　確かめない手はない。

今は自殺を考えるほど苦しい状況かもしれないが、それこそ君にしか語ることができない貴重な体験であり、そのつらい体験を逆手にとって利用しない手はない。

これだけの希少価値を持っていながら、それを活かすことなく人生を終わらせてしまうなんて、あまりにももったいない。そうは思わないか？　君の持っている希少価値を活かして、新しい世界へ進んでみたいとは思わないか？　もしそういう気持ちが少しでもあるのなら、これだけは断言できる。「死んではだめだ！」その理由は簡単。死んでしまったらその先の世界を見ることができないからだ。この先どうなって行くのか見てみたいと思うなら、まずは死なないこと。それが何よりも大事なんだ。

もし死にたいという気持ちが浮かんできたら、二つのことを思い出してほしい。
一つ目は、「個性とは、長所と短所の表裏一体」ということ。
二つ目は、「ピンチとは、チャンスでもある」ということ。
最後にいじめられている子の、周りにいる大人達に伝えたいことがあります。
いじめっ子にいじめられている子が、直接殺されるというニュースはほとんど聞きません。いじめが原因でいじめられた子が命を落とす場合、大半が自殺です。つまり、いじめっ子以上の敵が、いじめられている子の心の中にいるのです。そしてその敵とは「自己不信」です。つまり自分を疑ってしまう自分自身です。いじめる相手から逃げることはできても、自分自身からは逃げることはできません。だからいじめる相手からその子を守ることよりも、その子自身の「自己不信」からその子を守ることの方が大事なんです。逆に言えば、それさえできれば自殺を防ぐことができる。命を守ることができるのです。

だから教えてあげてください。その子が自分の短所と信じて疑わない個性は、逆から見ればすばらしい長所だということを。いじめる子達が短所と決めつけ貶めてくるその個性は、逆から見れば素晴らしい長所だということを。いじめっ子達の説得力に負けないために、目一杯の説得力をこめて教えてあげてください。

重要なのは劣等感を優越感に直接変えることです。つまり劣等感とは関係のないところに長所を見つけてあげるのではダメなんです。そうではなくて、劣等感を感じている個性を逆から見せて、優越感に変えるのです。そうしなければ放置された劣等感が、結局彼らを追い詰めることになるからです。

間違っても「いじめる子に負けるな！　頑張れ！」なんて言わないでください。それは「君の頑張りが足りないからいじめられるんだ」と言っているのと同じだからです。間違っても「もっと強くなれ！」なんて言わないでください。「君が弱いからいじめられるんだ」と言っているのと同じだからです。とにかく変わることを求めるようなことは言わないでください。それは「今の君がダメだからいじめられるんだ」と言っているのと同じだからです。変わる必要があるような言い方をすると「自己不信」に苦しんでいる子に、追い打ちをかけてしまうことになるのです。

そうではなくて「変わらなくていい。そのままで君は素晴らしい！」そのことに気づかせてあげてください。その気づきがその子の中にある「自己不信」に、その子自身が勝つための強い力になるのです。その子の命を守ることに繋がるのです。

そしてそのためにはまず、周りの大人達が、その子以上にその子の素晴らしさに気づいてあげることが必要なのです。

教育現場からの発信①

生徒に寄り添うカウンセリングの重要性

西野　正信

授業が始まったというのに、教室前の廊下に女子生徒がうつむいたまま立っている。

「何しているの？」と聞くと、女子生徒は今にも泣き出しそうな顔をしながら、「怖くて教室に入れないので、先生が来るのを待っていました」と言う。

何事かと思い話を聞いていくと、その女子生徒の机には「死ね！」とチョークで大きな落書きがしてあり、授業が始まると消しゴムや筆箱に加えて、コンパスまでもが本人めがけて飛んでくるという。

教室へ入って女子生徒の机を見ると、やはり書いてある、チョークで大きく「死ね」と。周りの生徒はその様子を見ながら、ニタニタ笑っている。そんなに楽しいことだろうか。「どうかしている、このクラスは」と思いつつも、今は授業開始直前ということもあり、私は怒りを押し殺す。

授業が始まっても、生徒の様子がおかしい。私がプリントを最前列の生徒に渡すと、次々と後ろの人へ送られていくのだが、その女子生徒がプリントを後ろの生徒に渡そうとすると、後ろの生徒はあからさまに不快な顔をする。まるで汚いものにでも触れるかのように、親指と人差し指でプリントの端をつまみ、できるだけ女子生徒の持ったプリントに触れないようにしている。プリントに触れるとバイ菌に感染する、とでも言いたいのだろうか。

さらに班学習をしようとすると、周りの生徒がなかなか机をくっつけようとしない。私が再三指導してようやくくっつけさせると、机をくっつけさせられた生徒は周りを見回しておどけている。バイ菌に感染してしまった、とでも言いたげである。

給食時間も可哀想で見ておれなかった。一列に並んで順番を待っていると、なぜか女子生徒の前後が一メートル以上空いている。誰もそれ以上近づこうとしない。汚いものをみんなで避けているように見える。

さらに、女子生徒が食器を取ろうとすると、それを見た生徒がいきなり怒りだす。

「あっ、こいつ他の食器にも触った！　触るな、他の食器まで汚れるがいや！」

そして、他の生徒も彼女が触った食器には、絶対に触れようとしない。

もっと悲惨なのは、彼女が給食係になった時だ。真面目で大人しい性格なので、自分の任された係活動をこなそうと進んで盛り付けをしていくと、他の生徒から怒鳴られる。

「お前の盛り付けたご飯でも食べられるか！　汚い！」と。

他の給食係の生徒がマスクをつけ忘れても何も言われないのに、彼女が忘れると、「病気がうつる！　どうしてくれるんや！」と騒ぎ立てる。もう、可哀想で見ておれない。

ところが、そのことに対して担任は何も言わない。言わないのか、言えないのか。とにかく、何も言わない。

いじめられている生徒は、彼女だけではない。私が仕事を終えて帰宅しようとしていると、何人かの女子生徒が声をかけてくる。

「先生、家どこ？　いっしょに帰ろう！」そう言って、部活を終えた四人の女子生徒が走り寄ってくる。暗くて顔もよくわからないが、笑いながら楽しそうに話したことを覚えている。聞いてもいないのに、部活や趣味のことなどを詳しく教えてくれた。そんな時の彼女らは、とても話好きで明るい生徒達に思えた。

ただし、授業や他の生徒のことは一切話題にしようとしなかった。私がそのことを聞いても誰一人答えようとせず、聞いてはいけないことのようにさえ思えた。

あとでわかったことだが、その子らは皆いじめの被害者だった。「キモイ四天王」と呼ばれ、日常的にいじめを受けていた。例の女子生徒もいっしょにいたらしいのだが、全く気づかなかった。なぜなら、帰宅する時はみんなうれしそうだったから。

私は四月に異動してきたばかりで、深刻ないじめがあること自体知らなかった。ただ、当初から生徒の様子がおかしいことには気づいていた。

最初の学年集会では、新任の先生を紹介しているのに生徒は勝手にしゃべっている。生徒を見ていると、まるで先生が話していることにさえ気づいていないみたいだ。

さらに、校歌を歌っている時の様子もおかしい。何人かの男子生徒が、わざと音程を外して大声で歌っている。それを聞いた周りの生徒も、歌いながら笑っている。ところが、もっとびっくりさせられたことがある。それは、そんなふざけた生徒を注意する先生が誰もいないことだ。まるで先生方は、そんな生徒の存在にすら気づいていないかのようだ。何事もないかのように、平然と生徒のそばを歩く先生。

なぜか、にこやかに笑っている先生までいる。私の感じ方がおかしいのだろうか、そんなことさえ思わせる光景だった。

このままでは放っておけない。「最初が肝心だ」と思い、私は新任職員として挨拶を求められると、いきなりこう言い放った。

「おい、お前らの態度は何だ！　先生が話をしているのに、なぜ勝手にしゃべっているんだ。ちゃんと話を聞かないとダメだろう！」

さらに、「校歌をなぜ音程外して歌ったんだ。ふざけたことするな！」と、思いっきり怒鳴りつけると、どこからか「だから、やめとけばよかったんだよ」と話し声が聞こえてくる。生徒のなかには、後悔している生徒もいるらしい。この学校にも、まともな生徒はいるようだ。

私はさらに語気を強めて、「こんなひどい学校だとは、知らなかった！　新任式から怒鳴ったのは、これが初めてだ。もっと真剣に取り組まないとダメだ！」と、鬼の形相で言い放った。

実際、新任式の当日から怒鳴ったことなんてないし、そんなことをする先生を見たこともなかった。そんな前代未聞のことを自分がすることになろうとは、夢にも思わなかった。

でも逆にいうと、やらずにおれなかった。そのくらい生徒の態度は悪かったし、新たにこの学校で働くことになった教員として看過できることではなかった。

春の遠足に行くと、やはり生徒の態度はひどかった。集合時間には遅れてくるし、集まってもなかなか並ぼうとしない。それどころか、まだ後ろの方で勝手に走り回っている者もいる。鬼ごっこをしている者もいれば、おやつのごみを周辺にばら撒いて笑っている者もいる。

そんな生徒に対して、先生方は誰も注意しない。今までの学校なら、そんな生徒に対して必ず「説教」する先生がいた。先生の「説教」があったからこそ、生徒は自らの間違いに気づくこともできた。

ところが、それがない。いつまでたっても「説教」する気配がない。なぜ、先生方は怒らないのだろうか。怒っているのは私ばかりである。不思議でならない。

遠足が終わってからも不思議なことは続いた。授業中だというのに、隣のクラスから次々と生徒が廊下に出てくる。しかも笑っている。みんな楽しそうに笑っている。思わず私も廊下に出て、生徒を呼び止める。

「おいっ、何しているんだ」、すると、「保健室へ行きます。体調が悪いので！」

そんなはずはないだろう。みんな笑顔で楽しそうに笑っていたではないか。

後でわかったことだが、この時の生徒が中心となって、いじめをしていたらしい。放課後に、その生徒らを職員室に呼んで話を聞いていても、なぜか担任も生徒指導主事もうつむいたままで顔を上げようとしない。自分の担当している生徒が叱られているのに、こちらを見ようともしない。これも異常だ。普通なら担任や生徒指導主事は自然と集まってくる。何しろ、本来その先生らが指導しないといけない生徒なのだから。

後日事情を聞くと、担任は生徒からなめられてしまって、自信をなくしていたようだ。何を言っても聞く耳を持たない生徒に、教師としての自信をなくしていたらしい。生徒指導主事も、度重なる体調不良から休職開けしたばかりだった。そんな中で、ベテランの私が頑張るしかなかった。

けじめのない生徒には、「悪いことは悪い」としっかり叱ることは大切である。そのため、私は叱ることが多くなり、生徒達からすると怖い先生に見えたらしい。だらしない生徒も私の前では神妙な顔つきになったので、問題が起きるたびに関わるようにしていった。そうやって若い先生方を支援しながら他方でいじめられた生徒の心のケアに務めた。

いじめを受ける生徒は、たいていおとなしい。真面目で口数も少なくて、思っていることさえも言えないような生徒が多い。そのうえ、「キモイ」「陰キャ」などと言われると、自分の性格が悪いからだと考え、自分を責めてしまいやすい。そのため、周りの親や先生にも相談できず、リストカットなどの深刻な問題を招きやすい。

彼女もそうだった。陰キャと呼ばれる自分の性格を嫌い、「明るい生徒になりたい。どうしたら、みんなから好かれるような性格になれますか」と聞いてくる。私がいじめの口実として性格のことを持ち出しているだけ、と言っても、わかってくれない。そして、本当に性格を変えようと、明るく振舞おうとしたりする。

でも無理しているから、家に帰ると必要以上に疲れてしまう。くたくたになってしまう。翌朝登校しようとすると、なぜか体が動かない。「学校に行こうとしている」のに、どうしても体が動かない。自分ではない別人を演じて無理しているから、体がいうことを聞かなくなっている。それでも、そのことに気づかない。そのくらい自己否定感が強い。

「私なんて、何もいい所がない。勉強はできないし、運動も苦手。おまけに、性格も暗くて、陰キャだから嫌われて当然」と言う。いじめられているのに、自分の性格が悪いからだと決めつけて、リストカットを繰り返す。

私は生徒の気持ちを受け止めることが大事だと思い、カウンセリングを繰り返す。別室登校せざるを得ない状況に追い込まれたことをカウンセリングの好機ととらえ、生徒の元へ足繁く通った。給食も二人で食べて、いっしょにいる時間を増やしていくと、生徒も安心したのか、聞いてもいない家庭の事情まで話してくれるようになった。

彼女がまだ幼いころ、両親の喧嘩が絶えず、怖くておもらしをしたことや、泣きながら「離婚しないで」と頼んだことまで話してくれた。そんな願いも通じず、大好きな父親が家から出ていく後ろ姿を泣きながら追いかけた、という。

その後は何もする気力がなくなり、無気力状態のまま登校すると、「陰キャ」「キモイ」「死ね」などの暴言を浴びせられるようになり、今では親に送ってもらって、やっと登校している状態だという。

彼女は過去のつらい思い出を語りだすと気持ちが軽くなったのか、徐々に口数が多くなり、やがてうるさいくらいになった。こちらが聞いてもいないのに、どんどん自分のことや家族のことをしゃべりだす。その口数が増えるに伴い、生き生きと元気になっていった。

彼女が趣味で習っているスケートで入賞したことも自慢げに話してくれた。私が「すごいね！」と言うと、まんざらでもないような顔をしている。私が、「学校へ行っている頃は勉強も運動もできなくて、生きている意味がわからなくなったよ」と言うと、信じられないという顔をする。

「小学校の時は勉強もできなくて、クラスでビリだったし……」と話し続けると、興味深そうな顔をする。「大学を目指して勉強したけど、高三になっても一教科平均七点しか取れなくて、家で暴れたりリストカットしたこともあった」と打ち明けると、急に親近感を覚えたのか、なぜかうれしそうな顔をする。そんなに楽しい話じゃないのだが。

さらに、話の続きを聞きたいというので、「高三の時の担任の先生が、悩んでいる私をいつも励ましてくれたんだ。『努力は、天才に勝るから頑張れ』って。こんなバカな自分を本気で応援してくれる先生に初めて出会って、うれしくて猛勉強したら、全国の成績優秀者になってしまったんだ」と話すと、「先生って、すごい!」を連発する。よほど感動したのか、「私もがんばってみようかな」と言い始める。

いつのまにか、笑いながら話す彼女の目を見ると、生き生きと輝いている。何気なく話したことが、生徒に新たな活力を与える結果になったように思えた。

さらに、私が「先生もいじめをしたことがあるんだ!」と弟をいじめていたことを明かすと、「なぜそんなこと、したん?」と言うので、親に叱られた腹いせだったことを明かすと、「弟がかわいそう」と呟く。

「いじめって、結局は単なる腹いせのような気がする。本当の原因は別の所にあって、被害者はそのはけ口にされているだけかもしれない。本当の原因は、加害者の側にあると思う」と言うと、わかったような顔をする。

とにかく、私は「いじめられる側には何の問題もない」と言いたかった。性格が明るかろうが暗かろうが、大きなお世話である。人のことを勝手に「陰キャ」と蔑視することもおかしい。自分のことは「陽キャ」と言い、相手に対しては「陰キャ」とバカにする。差別以外の何ものでもない。

さらに、一人の生徒を集団でバイ菌扱いしたり、「キモイ」「死ね」などと暴言を吐いたりすることも許される行為ではない。どんな理由があっても、いじめる方が悪い。そのことを理解してもらって、自分を責めることをやめてほしかった。ましてやリストカットするほど自分を責める必要など、どこにもないのだから。いじめる人間の言うことなど信じるな、と言いたかった。それは単なる口実。「キモイ」「陰キャ」というのも、いじめるための口実。その口実を真に受けてしまうと、深刻になりやすい。性格が暗いことや人間関係づくりが苦手なことを自分の責任と受け止めてしまうと、どうしても自分を責めることに繋がってしまう。

だから、いじめる側の口実を信じてはいけない。本当の原因は、加害者の側にある。いじめの被害者は、単に加害者のストレスのはけ口として利用されているにすぎない。そう伝えたくて、私は必死だった。

一方、いじめの加害者も何か事情があるはずだと思い、話を聞いていった。当初は、被害生徒に原因があるからいじめられる、と言っていた生徒も、自分の気持ちを受け止めてもらえると、被害生徒への謝罪の言葉も口にできるようになった。

さらに、カウンセリングを進めていくと、加害生徒のつらい家庭事情を知ることとなる。その生徒の両親は本人がまだ幼い頃に離婚し、今は母親と共に二人で過ごしているという。

ところが、一年程前から男性が度々家に来るようになり、家に帰っても本人の居場所がなくなった。母親は本人の夕食もつくらず、その男性といちゃついている。

澁澤龍彦 泉鏡花セレクション

全4巻

泉鏡花 著／澁澤龍彦 編／山尾悠子 解説／小村雪岱 装釘

澁澤龍彦の生前に企画されながらも
実現を見ずに終った幻の選集がついに刊行。
我が国最高の幻想作家・鏡花の膨大な作品から、

菊判・上製函入美麗装
月報付き・各巻約500頁
全巻購入者特典有り
各巻8800円

Aufruf an Adolf

アドルフに告ぐ

オリジナル版

豪華愛蔵版!

手塚治虫

ナチ高官と日本人妻の息子アドルフ・カウフマン、神戸のユダヤ人パン屋の息子アドルフ・カミル、そしてナチ・ドイツ総統のアドルフ・ヒットラー。第二次世界大戦時の日本・ドイツを舞台に、三人のアドルフの数奇な人生をめぐる大河ドラマとして、手塚治虫が自らの戦争体験を渾身の力を込めて描いた後期の代表作、その雑誌掲載オリジナル版を初めて完全復刻。連載時の扉や単行本化で削除されたページ、改変された台詞を復元。大判・高精細印刷でおくる愛蔵版!

B5判・並製・美麗函入
全3巻（各巻約370頁）+別冊（98頁）
20,000円 ※分売不可 06365-6

VHY DRAG?

マグナス・ヘイスティングス 写真
ボーイ・ジョージ 序文／エスムラルダ 解説

698-8　2,400円

ージャス！ ファビュラス！ アメージング！ 今をときめくドラァグ・クイーンた
のファッショナブルなオールカラー写真集。Netflix「ル・ポールのドラァグ・
ース」で話題沸騰中のクイーンを多数収録。水原希子さん推薦！

切り剣　福田理代切り絵作品集

592-6　福田理代　2,400円

NSで動画が話題！ たった1枚の紙からデザインナイフ1本で切り抜かれる
絶的で精細な切り絵の数々。タコ、クラゲ、オウムガイ、深海魚、ヒクイドリ
孔雀……生きものたちが量感をもってたたずむ驚異の博物画的世界。

旅する黒澤明　槙田寿文ポスター・コレクションより

543-8　国立映画アーカイブ 監修　2,600円

ェネチア国際映画祭で『羅生門』が金獅子賞を受賞して以来、世界の映画
を席巻してきた《クロサワ》。世界30か国のデザイナーや画家たちが制作し
、貴重な黒澤映画の海外版ポスター82点をオールカラーで集成！

ック・エイヴォリーのアンダーパンツ

588-9　乗代雄介　予価3,000円

代日本文学の新星、乗代雄介はデビュー前から10年以上にわたって書き継
だ伝説のブログを著者自選・全面改稿のうえ書籍化。書き下ろし「私」小
、『虫麻呂雑記』を併録。

本 夢野久作全集　第7巻

020-4　西原和海・川崎賢子・沢田安史・谷口基 編　予価9,500円

後80年記念出版。多彩な活動の全貌を集大成した決定版全集。第7巻は
外人の見たる日本及日本青年」「梅津只圓翁伝」「近世快人伝」「鼻の表
」ほか評論、随筆、伝記を収録。

現代を知るための文学20

06576-6　狩野良

「で、先生、いったい文学って何なんでしょう?」飲み会での学生
源的な問いへの答え探しが始まった。エンタメとはひと味違うオ
た時のプロモーション・ブックにして攻略本。

怪異の表象空間　メディア・オカルト・サブカ

06577-3　一柳廣孝

日本の近現代は怪異とどう向き合ってきたのか。明治期の怪
1970年代のオカルトブーム、そして現代のポップカルチャーま
できた日本の文化表象を多角的視座から探究する。

生と死　生命という宇宙　〈十八世紀叢書　第6回配本〉

03917-0　シャルル・ボネ、マリー・フランソワ・グ
飯野和夫他 訳

自然科学とキリスト教との調和した自然観を追求したボネ『心理
命は死に抵抗するすべての機能の総称」という定義で名高いビ
の生理学研究』を収録。『百科全書』からの項目「死」「生」「生・

随筆集 言うて詮なきことの記

06591-9　羽毛田信

幼き日の思い出、多忙な職業生活、そして老境の日々……。厚生
庁長官を歴任し、現在は昭和館館長である元官僚が人生の折
珠玉の“由なしごと”九十八篇。

山尾悠子が解説。函入美麗愛蔵版！

ご注文について

○表示価格は本体価格（税別）です。別途消費税がかかります
○小社に直接ご注文いただくと、送料無料、代金引換便でお
○小社ホームページの「国書刊行会オンライン・ブックシ
　注文はクレジットカードもご利用いただけます。

タイトルの下の数字はISBNコードです。すべて先頭に 978-4-3

至高の審美眼が選りすぐった
天上界の作家の神品の数々。

第Ⅰ巻 龍蜂集
06545-2

春昼、春昼後刻、山吹、紅玉、海異記、貝の穴に河童の居る事、酸漿、お留守さま、紫陽花、清心庵、星あかり、蛇くひ、X蟷螂鰒鉄道、夜釣、千鳥川、外科室、笈摺草紙、裸蠟燭、名媛記、鶯花径〈山尾追加作品〉山中哲学

第Ⅱ巻 銀燭集
06546-9

眉かくしの霊、海神別荘、黒百合、沼夫人、髯題目、幻往来、蠅を憎む記、龍潭譚、玄武朱雀、さゝ蟹〈山尾追加作品〉薬草取

第Ⅲ巻 新柳集
06547-6

草迷宮、戦国茶漬、照葉狂言、なゝもと桜、化銀杏、夜行巡査、貴婦人〈山尾追加作品〉凪の涙

第Ⅳ巻 雨談集
06548-3

高野聖、天守物語、通夜物語、活人形、式部小路、化鳥、処方秘箋、山僧

国書刊行会

新刊案内
2020
vol.1

-0056 東京都板橋区志村1-13-15
)3-5970-7421 FAX.03-5970-7427
https://www.kokusho.co.jp
e-mail:info@kokusho.co.jp

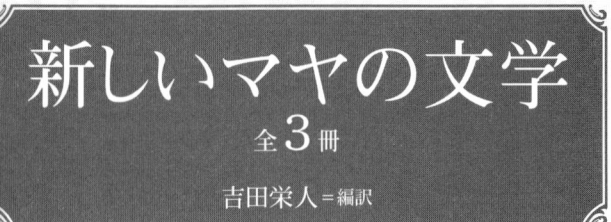

そんな中で、本人は自分で夕食をつくり、たった一人で食事をする毎日。

さらに、信じられないようなことを聞かされる。最近になって、母親に赤ちゃんが生まれたという、結婚もしていないのに。

「一体、赤ちゃんはどうなるのか」

そんなことを思いつつも、怖くて聞けない。生まれた赤ちゃんの世話は本人がすることになっていて、おむつまで交換しているという。そんな本人と赤ちゃんを残して、母親は男性とどこかへ出かけていくという。

こんな悲しい話があろうか。こんなひどい現実の中で、この生徒は頑張っていたのかと思うと、悲しくなる。応援したくなる。いじめをすることは悪いが、これほど劣悪な環境にいれば、憂さ晴らしもしたくなる。いじめをする側には、そうせざるを得ない事情がある、そう思わずにはおれない。

カウンセリングを通して、加害生徒の心の痛みを受け止めていくと、次第に表情は和らぎ、何でも相談してくれるようになった。

部活動を辞めたいと顧問に伝えていることも教えてくれた。顧問は本人の欠席が多いことを理由にしてレギュラーを外す、と言う。

しかし、本人は家に帰って赤ちゃんの面倒を見ないといけない。そうかと言って、誰の子供かもわからないのに、「赤ちゃん」のことを話題にするわけにもいかない。そうなると、休む理由を顧問に説明できない。

無断で休む生徒をレギュラーにできないという顧問の想いと、家庭の事情を話せない生徒の想いが交錯する。お互いのプライドが邪魔をして、本音が出てこない。本音を出し合えば理解も進むのに、形式的な言い合いに終始している。

だからと言って、私が顧問に事情を伝えようとすると、生徒からは止められてしまう。

結局、形式的な話し合いのまま終了し、生徒は退部することになってしまった。問題の裏にある生徒の事情や心を理解することもなく、ただ「あるべき姿」を押しつけても本当の解決には至らない。

さらにカウンセリングを進め、加害生徒との人間関係が深まると、生徒の態度も改善した。落ち着きが出てきて、いじめなどの問題行動を起こすこともなくなった。

授業態度も良くなり、成績にも関心を示すようになった。

卒業の際に、私に宛てたメッセージには、次のようなことが書いてあった。

「ぼくみたいなバカの相談に乗ってくれてありがとうございました。先生だけです、真剣に話を聞いてくれたのは。絶対忘れません！」

生徒が学校で健全に過ごすためには、家庭環境は大事である。家庭環境が悪すぎると、生徒は頑張れない。そのストレスをどこかで発散しようとする。部活動や勉強で発散できればいいが、時にはいじめという形で他の生徒に矛先を向けてしまう場合もある。

そんな事情を理解しないで、いじめの事実だけを取りあげて解決しようとしても、できるものではない。強い圧力をかけて表面的に「解決」させても、本当の解決につながらず、いじめは繰り返される。

本気でいじめを解決しようとすると、生徒の心にアプローチしていく必要がある。そのための方法として、カウンセリングは有効な手段だと思う。

教育現場からの発信❷（２０１６年度）

夕焼けに涙する子はいじめをしない

～いじめっ子にしないいために～

上藤　浩治

「夕焼けに涙する子はいじめをしない」

私の造語ですが、長年、教育に関わり、多くの子供達と接してきて得た私の結論であり、揺るぎない信念です。

最近、また、いじめについてかまびすしいですが、そのことに関する識者の方やコメンテーターの方のコメントに「なるほど」と思わせるものがほとんどなく、私に言わせると、何にもわかっちゃいないというものばかりなのです。時事問題のコメントでは、的確なコメントを発せられていて尊敬していたコメンテーターの方でさえ、いざ、いじめ問題についてとなると、とたんにステレオタイプなコメントに終始してしまうのです。

それは、主に次のような内容です。

「現場の先生方は、上からの指示などの事務的な書類の作成やモンスターペアレントへの対応などで忙しく、生徒とじっくり向き合う時間がない。そのために、生徒の悩みに気づけず、いじめを見逃してしまっているのです。ですから、先生方のもっと向き合う時間を確保してあげられるような方策が必要です」とまあ、こういう類のものです。

このコメントの裏には、生徒と向き合う時間が多ければ多いほど、きめ細かな生徒指導ができ、生徒の心がよくわかり、いじめの解決に繋がるという信仰みたいなものが感じられます。が、それは、全くとは言いませんが、的を射たものではありません。生徒と向き合う時間の量と生徒の良い兆しが現れてくることとは、必ずしも比例しないのです。わずか一秒や一分の触れ合いだけでも効果のある時がありまず。つまり、たった一言の声かけやほんの一分間の語らいでも、生徒の心に響き、生徒の心を大きく動かし、生徒の生き方を改善させることが可能なのです。時間ではないのです。

では、どうすれば、いじめをなくすことができるのでしょうか。

それは、子供達の心の中に、とにかく、いい感性を育てることです。根本的に解決するにはこれしかないと私は思っています。

いじめも差別と同じで、いじめをする人をなくさないかぎり、いつまでたってもなくなりません。つまり、いじめをする人をいじめをしない人に変えなければならないのです。心の面で言いますと、いじめをする心から、いじめをしない心に、もっといいのは、いじめをされている人の味方になって共に闘ってあげることができるような心を創っていかなければならないのです。

では、そんな心とはどんな心で、どのようにして創っていけばいいのでしょうか。それは、その心とは、私は、夕焼けの美しさに感動し、時に涙する心だと確信しています。つまり、別の表現をすれば、「いい感性」です。このいい感性を子供達に持たせないかぎり、いじめ問題は、絶対に、根本的に解決しないと確信しています。

なぜそうなるのかと言うと、これも、私が今まで考えてきて、確信となっていることなのですが、この、夕焼けに感動する心、いい感性を持つと、必ず人を愛おしく想えるようになります。これは、間違いありません。この二つの心は絶対に繋がっています。そして、人を愛おしく想えるようになれば、人に酷いことをしなくなります。つまり、いじめをしなくなるのです。

少し、別の表現からのアプローチになりますが、「美意識とは行動の原理である」

という私の大好きな一文があります。意味は、人間は、善の範疇内にあるさまざまな行動様式から、自分の行動を選択する時、どういう行動を美しいと感ずるかというその人の美意識で決めているということなのですが、私は今、日本の一部の若者の「行動の原理としての美意識」を大変危惧しています。コンビニの冷蔵庫の中に寝そべって、その写真をネットにアップするという美意識（感性）は、報道のいうような、単なる悪ふざけというような簡単なものではなく、いじめをする心に繋がる重大なものです。因みに、私の場合は、この「行動原理としての美意識」と感性とか情緒力などの言葉とをほぼ同義語として使っていますが、今、この日本の一部の若者の美意識、感性を本当にいいものに変えていく必要があると痛切に感じています。

さて、では、最後に、このいじめをしない心の基になっている、夕焼けの美しさに感動し、涙する心、つまり、いい感性を子供達に持たせるにはどうしたらいいのでしょうか。

それは、私見ですが、三つの方策が効果的であると考えています。

それは、子供達の琴線に触れる、㈠いい本を読ませる、㈡いい話を聞かせる、そして、無機的な物や時間、空間から、時に離れ、㈢自然に親しむということです。

まず、一つ目の「いい本を読ませる」で注意すべき書物はまんがです。私の頃の（小学生時代）のまんがは、オバケのQ太郎のように、描かれている線も柔らかく、台詞もほのぼのした、温かいものが多かったのですが、最近のまんがは、線も台詞もキツイものが大変多いです。「ウザイ」、「キモイ」というような、何とも冷たい台詞、心に突き刺さるような台詞は、私達の子供時代にはありませんでした。こんな台詞に毎日接し真似していると、子供達の心が荒むことは必定です。親御さんは、ぜひ、特に小学校低学年までは、まんがを厳選して認めることを望みます。

二つ目のいい話を聞かせるという点で、一つお話しさせていただくと、私は、不登校の子で、もし、学校に行けるような状態に回復されていたら、できるだけ学校に行った方がいいという考え方です。もちろん、しんどい時期には、無理に学校に行かせるべきではないと思っていますが、もし、行けるような状態になったならば、できるだけ学校に行ってほしいと思っています。それは、学校の先生のいい話を聞いてほしいからです。学校の先生方はプロですので、子供達に感動を与えるいい話を五つや六つは必ず持っています。その話を聞きに行くためだけでも、学校に行く価値は十分あります。もちろん、家族や親戚の方など身内の方もいい話をしてくれるとは思いますが、内容に偏りや制限があると思いますので、もし、学校に行けるようになったら、保健室登校でもいいですので、学校の先生のいい話を聞きに行ってください。

最後の三つ目は、自然に親しむということです。人間は、社会的ではありますが、やはり動物です。無機的な物や空間に長時間接するというのは無理があるように思います。私達の子供の頃は、田んぼで遊んでいましたが、今は全く見かけません。そこまでしろとは言いませんが、たまに家族で旅行に行く時、せめて、ケイタイやゲームは傍に置いて、車窓から、日本の美しい四季の風景を眺めてほしいと思います。その時に、お父さんやお母さんが「夕焼けがキレイだね」と語ってくれると、さらに、子供達の心の中に、ほんの少しでもいい感性ができるはずです。

いじめをなくすためには、子供達に、若者に、いい「行動の原理としての美意識」、いい「感性」を育てるしかない。そのことを強調して、文を終えたいと思います。

教育現場からの発信❸（2018年度）特別賞受賞

「いじめ」を出さない学級集団づくり

小川　正人

第一章　どうして「いじめ」にこだわるのか

私は、今年三月に小学校教員を、定年退職しました。在職中三十七年間、心がけたことは、いじめを出さない学級作りでした。

どうしてかというと、初任の頃、クラスの中でいじめが発生しました。「葬式ごっこ」という事件をご存知でしょうか。これは、昭和六十一年に、「鹿川君をいないことにしよう」ということで、担任をはじめクラス全員が色紙に弔辞を書きました。彼はそれを苦にして、盛岡市の駅のトイレで首をつってしまいました。

初任の時期はそれより五年前でしたが、その事件に象徴されるように、いじめが発生していました。私のクラスでは、女子グループが、ある女の子をいじめていました。休み時間には、髪の毛を引っぱったり、筆箱を隠したりしていました。授業が始まって教室に入ると、子供達は何事もなかったように、平静を装っています。しかし、雰囲気で「また、休み時間にいじめていたな」と感じることができました。

その女の子は気丈な子で、「大丈夫？」と声を掛けても。「大丈夫です」と答えが返ってきます。そのことを母親に言っても、同様な返事が返ってきます。

ある時ひょんなことから、いじめ側の女子がいじめられる側と立場が逆転しました。その子は前述の子と違い、「学校へ行きたくない」と訴えてきました。私は休み時間には教室にいて、いじめが起きないように監視していました。また、常にその子に声かけして、心を安定させました。保護者にも連絡して学校の様子を知らせ、また、家庭での様子を知らせてもらうなど情報収集に当たりました。そのような対応をしたので、どうにか不登校にはならずにすみました。

その女子グループは、男子に対しても高圧的な態度で接し、喧嘩を売るなどしていました。男子はそのグループを恐れ、「スケバン」とあだ名をつけていました。その子達の問題行動は学級に留まらず、上級生にまで及びました。私は四年学級担任でしたが、ある時六年生を体育館裏に呼び出して、文句を言いました。

その子達を一年間担任しましたが、その次の年担任した学級では、今度は男子のいじめがありました。

初年から四年間いた学校では、いじめの対応に苦労しました。次の赴任校は全校生徒八十人の小さな学校でした。五、六年と担任しましたが、在籍児童数は十五名です。のどかな純朴な児童だったので、いじめなどは起こりませんでした。しかし、一年からクラス替えなどなく、勉強や運動の順位は固定され、そういう別の問題で苦労しました。

学校教育に携わっていれば、いじめ問題については、避けて通れない問題です。それが、私の信条になりましたが、プライベートでもいじめはありました。

遡る(さかのぼ)と小学校時代です。その時のあだ名が、ガンジーです。あのインドの首相に似ていたためそれがつきました。親しみを込めて言う人もいますが、悪意を持っていた人もいます。仲間はずれなどはありませんが、クラスの雰囲気がある男子児童の顔色を覗う変なもので、とても居づらい思いをしました。

高校時代には、ホームルーム委員に選ばれました。選出されたのは、クラスの人の信頼があるからだと思い頑張りました。卒業後、母が私に「小川をホームルーム委員にして、受験勉強させないようにする」と友人達が言っていたと話しました。ショックでした。皆の信頼があると思って頑張ったのに、それは徒労だったと思いました。ここまで、受験戦争は激化しているのだと思いました。

勤めてからも、いじめや仲間はずれがありました。その勤務校の雰囲気は良くありませんでした。他の人は、あるベテランの先生の顔色を覗っていました。その人はパチンコが好きだったので、職員室の男子の先生の話題はそれでした。私はパチンコが嫌いだったので、その輪に入りませんでした。

職員旅行に行きましたが、見学地で遊園地に行きました。入り口まではみんないっしょでしたが、入場して後ろを振りかえると、誰もいません。もう一人パチンコ嫌いな先生に出会い、話を聞くと、他の人達はそのベテランの先生といっしょにパチンコ屋に行ったそうです。その仲間はずれにされた先生といっしょに遊びました。

第二章　実践編

第一節　ソシオメトリックテスト

いじめは陰湿化して、教師の見えないところで行われます。教師もそれについて、なるべく気をつけていますが、四六時中子供にベッタリとはいきません。

そこで、学級内の友人関係はどうなっているかということを、ソシオメトリックテストを実施し把握しました。

学期一回、「今度席替えをするので、並びたい人を書いてください」と言って子供達に書かせました。人権擁護の観点から、「並びたくない人」は書かせませんでした。その結果をソシオグラムに表しました。

これで、相互選択・相互排斥している子や、クラスで選択が集中している子やクラスの中で排斥されている子達が分かります。その結果を席替えに応用します。相互選択している子達については、その処遇は二つに別れます。友達が作りにくい子達で相互選択している場合には、その子達を離してしまうと新しい友人ができにくいので、そのままにします。クラスのリーダーとなっている子や人気のある子の場合には、席を離します。離しても新しい人間関係を作ることができます。その子達がいじめの原因になっている場合にはすぐに席を離します。

次に、選択が集中している子の場合には、誰と並ばせても良いと思います。クラスの子の多くから排斥されている場合には、普段の観察からその子を攻撃する子は避けます。中には、その子を排斥していない子もいるので、その子をいっしょにさせます。

第二節　ロールプレイング

ロールプレイングは、役割演技とも訳される心理劇です。監督・演技者・観客で構成され、演技者は観客の前で演技し監督は劇の流れを制御します。劇といっても台本があるわけではなく、監督から与えられた場面を即興で演技します。

観客の前で即興で演技するといっても抵抗があるので、監督はその前にウォーミングアップを行います。それは色々な手法があって、監督によって違います。私の場合は、ジェスチャー遊びを取り入れました。監督自らジェスチャーをして、何をしているか観客（児童）に答えさせます。次にジェスチャーを児童が行い、それに対して観客の児童が答えます。

台本もなく観客の前で即興的に演技するとなると、必然的に日常行動していることが演技されます。例えば「いじめ」という題で演技させると、日常のいじめの場面が再現されます。監督は演技者に感想を聞き、次に観客にも聞きます。いじめる側といじめられる側との感情が、演技を通して明確になり全員にシェアされます。さらに理解を深化させるために、いじめる側といじめられる側との役割を交代させ演技させます。役割交代させることによって、知性でなく演技という体験を通して感情的に理解することができます。

日常の再現だけでは問題解決になりません。それで、どうしたらいじめをなくすには、どうしたら良いか考えさせます。それは、机上の空論なので、実際にその解決策を演じてみます。うまく行けばいいのですが、そうでない場合には、さらに考えさせます。

これも、前述の女子のいじめに活用しました。いじめのリーダーは、「いじめは悪いということは分かっていても、その子（いじめられっ子）を見るといじめたくなる」と言っていました。理性では理解できても、感情では理解できていないと思いました。

それで普段いじめっ子の彼女を、いじめられっ子の役を演じさせました。いじめの場合は、日常を演技させると演技後の生活に支障をきたすので、空想の世界、例えば動物の世界などで演技させます。この時は、「醜いアヒルの子」を演じさせました。

いじめグループのリーダーを「醜いアヒルの子」、その取り巻きグループをいじめ役にしました。普段の力関係から取り巻きグループは、真剣にいじめの演技をすることができませんでした。

それで、私が「先生が良いというまでいじめの演技をしなさい」と言いました。するといじめの演技はエスカレートしていきました。しばらくすると、いじめグループのリーダーの顔色が「スッ」と変わりました。そこで、演技を中止し、いじめ・いじめられる側の感想を聞き、また見ていた観衆にも感想を聞きシェアしました。

いじめグループのリーダーは、いつもいじめ側であったけれど、いじめられる側になってその感情を味わったと思います。ロールプレイングをしたから、とたんにいじめがなくなるということはありません。しかし、担任がそのようなスタンスを取っていることを子供達が理解していれば、抑止力になると思います。

第三節　エンカウンター・グループ

エンカウンターとは、「出会い」という意味です。このエンカウンターグループを活用し、学級集団づくりを行いました。

エンカウンターグループには、二種類あり、一つはベーシックカウンター、もう一つは構成的エンカウンターです。前者はグループの人数は十四～五人で、そこにファシリテーターがつきます。ファシリテーターが「始めてください」と言ったら、そのまま無言です。三十分無言が続いて、その無言状態に耐えきれない人が話し始めます。それから、話が続いていきます。

私が体験したセッションの終わりには、四十代の男性がみんなの前で、ボロボロと涙を流し泣いていました。みんなの前で話しても、グループの人が受容してくれると思い、安心感を持って話せたと思います。

このようにその効果は大きいのですが、そのような状態になるまでには、時間がかかります。私の場合は、二泊三日でした。また、話の内容は決まっておらず、参加したグループ員によって決まります。

このような欠点を是正したのが、構成的エンカウンターです。話の内容は決まっており、自己理解、他者理解、自己主張、信頼体験、自己受容、自他理解などがあります。時間は四十五分の一単位授業で終了します。

実際にどんな風に展開するか、述べていきます。題目は「それ行けレスキュー隊」で、目的は「他者理解」です。助けたり助けられたりする体験を通して友達の思いやりに気づかせます。また、信頼、協力することの大切さや、やりとげる喜びを体験させます。内容は、病院で寝ている「入院患者」と、安全地帯の「レスキュー隊」との役に分けます。レスキュー隊は集まって患者を安全に運ぶ方法を考え、合図とともに患者を安全地帯まで運びます。役割を交代して繰り返します。

その他にも学級集団づくりで、人間関係が重要ですが、そのスキルを習得するためにソーシャルスキルトレーニングを実施しました。ここでは割愛させて頂きます。

第三章　研究編

私はいじめを出さない学級集団はどんなものかを研究するために、平成九年～十年に宇都宮大学大学院に在籍しました。

第一節　目的と方法

いじめは陰湿化してなかなか発見することは難しいです。学級集団の構造はどうなっているかを把握するために、ソシオメトリックテストを毎学期実施していました。いじめの発見のために、このソシオメトリックテストが使えないかと思いました。それで、いじめのある学級とない学級では、そのテストにおいて有意差があれば、いじめの有無が判定できると思いました。

それで、いじめのある学級とない学級を区別する方法は、学級経営録にいじめの事実が記載されたものに対して、継続期間と加害者の人数をそれぞれ点数化しました。

◎継続期間

一～三日まで……………一点

四～六日まで……………二点

一週間以上………………三点

◎加害者の人数

一～三人…………………一点

四～六人…………………二点

七人以上…………………三点

その点数により、Ａ～Ｄの四つのグループに分けることができました。

また、学級集団の特性を知るために、田中熊次郎の親和反発反応総合の偏倚指数、相互選択傾向指数、相互排斥傾向指数を用いました。また、学級集団の構造を把握するために、狩野素郎が提唱しているコンデンセーション法を用いました。

第二節　結果

田中熊次郎の三つの指標は、いじめのある学級とない学級では、有意差はありませんでした。

コンデンセーション法は、ソシオグラムを大局的に構造化して、分かりやすく把握する方法です。サブグループの数によって分類される「統合性」、選択の矢の本数による「集中性」三本以上の選択が集中しているものを「極」と言いますが、その極の数による「極性」、上下関係がグループ間に存在するかの「階層性」の四つに構造化します。

結果は、統合性において、いじめの発生の多い学級集団が、統合性が高まることが分かりました。

第三節　考察

クラスのまとまりを凝集性といいますが、凝集性が高まるといじめが発生すると考えられます。この研究が終わってからわかったことですが、社会心理学では凝集性が高まると生産性が上がります。しかし、ある程度のところに行くと、サボリが発生し生産性は低下するそうです。いじめについても、同様なことが言えると思います。

担当教授から、「いじめのない学級とはどんなものか」と質問されました。その時は答えられませんでしたが、今では思うところがあります。小学校の国語の教科書に「ありの行列」という教材があります。蟻がお尻からフェロモンを出して、それを頼りにして行列ができるという訳です。

これについて、そのフェロモンの高い蟻と低い蟻では、どちらが餌を多く見つけられるか研究した学者がいました。予想では能力の高い方が餌をたくさん見つけられると思いますが、結果はその逆です。能力の低い蟻は、列から脱線し徘徊してしまいます。その先で、餌を見つける確率が高いそうです。

また、同じ学者は働きバチの八〇％は、サボっていると述べています。働いているハチは二〇％だけです。自然淘汰の原理からすると、サボっているハチは淘汰されてしまいます。しかし、なぜ存在するかを研究すると、ハチは変温動物で、寒くなれば一箇所に集まって暖をとります。反対に暑くなると、羽を振るわし気温を下げます。温度を関知する能力はハチそれぞれによって、温度が違います。それでサボっているハチにも、存在価値の大切な理由があるわけです。

そして、ソニーの創業者の一人である盛田昭夫は石垣経営論を述べています。大きな石だけでは崩れてしまいます。小さな石だけでは強度が足りません。大きな石の間に、小さな石が入り込むことによって、地震にも耐えうる堅硬な石垣ができます。

この三つの事例は、学級集団づくりについて示唆していると思います。言い尽くされたことですが、「個を活かす教育」「居がいのある学級集団」だと思います。

このような学級集団を作るのに、重要視したのが、前に少し述べた席順です。小学校の場合には、まだ個人内の感情が未成熟です。友人などは、席が近い、家が近いなどの外的要因で親しくなる場合があります。偶然的に友人になるのではなく、教師のある程度の意図による友人作りを、席順によって行おうとしました。

席は学習においては隣どうしのペア学習やグループ学習、また清掃班や係活動などの学校生活の基礎となるものです。それで、まず生活班、係活動、グループ学習のリーダーとなる子を配置します。リーダーだけではグループ活動はうまく機能しないので、フォロワーシップの高い子を近くに座らせます。その子達が互いに排斥していないかどうか、ソシオメトリックテストによって確かめながら決めていきます。

ちょっと心配な子や、なかなか友人ができない子には、ソシオメトリックテストで選択していた子達を近くに座らせます。このように席順は、盛田の言う大きな石だけでなくその隙間に小石を挟んでいく石垣経営論です。また、その子の特性を生かす、個を活かす教育です。

このように考えて席を決めていきますが、現実は教師の考えたようにうまく行かないことがあります。それで、学期一回ごとにソシオメトリックテストを実施し、前回との相違を見極めて学級集団がどのように変化しているか把握します。その把握した実態によって、新しい席を考えます。

このように、その子の特性を活かし席を決め、グループ学習や生活班などでいきいき活動することができたなら、そのグループに所属感を持ち、居がいのある学級集団となると思います。

成人の部―特別賞

日本のいじめについて思うこと

ダロック　和泉

「いじめ」は人間社会には必ず存在するものだと思う。人間という生き物の習性なのかもしれない。私自身も学生時代にはいじめる側、時にはいじめられる側、傍観する側のそれぞれを経験してきた。いじめは日本だけでなく世界中どこでも起こっているだろう。でも、ほかの国と今の日本の違うところは、いじめの深刻度ではないかと思う。なぜ自殺にいたるようないじめが、日本の静かで恥ずかしがりで従順でかわいらしい子供達の間で起こっているのか、他人をいじめること、いじめられること、傍観してしまうこと、どこに問題点が隠れているのか。私達大人はそこを考え、子供達の問題としてより社会の問題として改善していかなければならないだろう。

ニュージーランドの教育は自分を育てることから

私はもう二十五年、日本を離れ南半球で暮らしている。バブルのころ、日本を飛び出し十七年前に流れ流れて行きついたニュージーランドで家族を持った後に一念発起して大学に行き、現在はニュージーランドの田舎で幼児の教師（Early childhood teacher）として働いている。十年目のベテランさんである。この国で教師をしていて感じることは、ニュージーランドの教育、特に〇歳から十一歳までの教育では学力を重視する前に人格を育てることに重きを置いていることである。私が日本で経験してきた教育とは全く違う。幼児教育においても国のカリキュラムがあり、そこにはアルファベットや数字、鉛筆の持ち方、集中力の持続よりも、子供達の confidence（自信）、competence（能力）、feel safe（安心）、contribution（貢献）、communication（コミュニケーション）、exploration（追及）、belonging（所属）、well-being（幸福）に重きを置いている。彼らの人格を育てこれから彼らの学習人生においての地盤となるスキル、例えばどのように他人と関わるとうまくいくのかいかないのか、メンバーシップ、リーダーシップ、他人の気持ちを考えるということ、諦めないということ、諦めるということ、失敗をしてしまった時にはどう責任を取ったらいいのか、失敗は人生の失敗ではないということ、人生を楽しむということ、自分を表現するという喜び、などの練習を毎日の遊びやアクティビティの中ではぐくむ。カリキュラムのお勉強はその中の一部として行われる。〇歳から五歳のクラスの教師数も子供五人に対し一人の教師であり、私の三十五人のクラスには八人の教師がいる。小学校に入ると二十人の子供に対し教師一人、助手が一人となる。子供達はそれぞれが興味を持った物や事から知識を広げていく（child-led）という学習の仕方を取っている。そういう中で生きている子供達は彼らの心の中に「自分」が育っていく。「自分」はどう思うのか、「自分」は何をしたいのか、「自分」は何を求めているのか、表現する力がある。いじめをしてしまった子供はあとから「ごめん」と言う勇気があり、いじめられた子供は「そういうことは嫌いです」と言う勇気があり、教師や親に訴える力を持っている。周りの子供達も「そんなことはひどいと思う」という友達のことを思いやることができ、いじめられた子の面倒を見たいと望む気持ちがある。何よりすごいなと思うことは、いじめられた子も周りで見ていた子も、いじめた子供を「そんな時もあるよね」「もういいよ」と許して、また仲間に入れてやるやさしさがある。

そのようにニュージーランドの教育システムの中で育ってきた我が家の十四歳になる息子は、友達が誰かの悪口を言っていると“Get over it”（乗り越えろよ）と宥め、親友が先生に椅子を投げつけたりして少し荒れていると"He needs a lot of support lately"（あいつはいま、ちょっとサポートが必要な時期なんだ）と言い、繊細な奴だから土日、家に泊めてやって頭を冷やさせてもいいか？　と私に聞いてくるのだ。十四歳の息子がここまで他人の気持ちを察してやれるとは、本当に頭が下がり、十四歳だったころの自分と比較して恥ずかしくなる。

失敗することで学び成長する

彼らと日本の子供達と、一体どこが違うのか？　個人的にかかわると、どちらの国の子供達もかわいらしく、興味深い。やさしさも苦しみも同じように持ち合わせている。私の個人的な見解ではあるが、我が家の息子をはじめニュージーランドの子供達は日本の子供達のように良い子である必要がないのではないだろうか。息子は学校で女の子をからかったりインターネットで暴言を吐いたり、屋根から飛び降りて垣根を壊してしまったりして、学校でちいさな問題を何度か起こし、親である私と夫が呼び出されて何度か先生と面談をした。でも、面談では息子は彼の言い分を言い、それを受け入れられ、親の見解や先生の話を聞いて、結局は迷惑をかけた相手に謝りに行く。というのは日本と同じだろう。でも、彼の内申書には全く響かない、というか、内申書はない。学校も私達親もそういう小さな失敗は「成長の過程」であり「失敗することで学ぶのだ」とどっしり構えていられる。学力は全国統一の試験によって評価され、人格が両親とコミュニティと先生の助けで育て上げられていく。後から息子が「先生や親から信用されていると思えることが、自信に繋がった」と私に向かって言えるというのは、彼にもメッセージが届いたということだろうか。そんなかっこいいこと、よく言えるなあと思う。

自分の考え、意思を持つ

また、日々のクラスでは幼少時から常に「あなたはどう思うのか」と問われ、そこには正解があっても間違いはない。子供達が「今日は天気がいいから、外でご飯が食べたいな」と言えば、その実現に向けて子供達は何ができるのか、誰に何を頼んだらいいのか、誰がどの仕事をするのか、というように話が進んでいく。ルールは曲げるために存在しているところがある。数学においても自分が分かりやすいやり方を貫くもよし、先生が教えてくれたやり方を取り入れるもよし、何をおいても理由をしっかりといえることが必要で、あとは自分の選択が許されている。弁論大会などではどんなに素晴らしいことを言うか争うのではなく、自分の視点を他人の気持ちをひきつけながら訴えるところに視点が置かれている。我が家の息子は「なぜ、木登りを禁止するのか？　それはおかしい！」「なぜ、学校には必要のないルールがたくさんあるのか？」「宿題の不必要性」など面白おかしく利点と弱点を考え、冗談も織り交ぜて自分の意見の理由を語った。中学校に入り視点は「なぜ、先生はコンピューターゲームを毛嫌いするのか？　コンピューターゲームの利点」「なぜ、恋愛が人生には必要なのか」「三男であることの不利」などをリサーチも含めて利点、弱点を考え、その上で彼の意見を語った。そして、彼の論点は大人の視点からすると間違いだらけではあるが、先生達から高評価を受ける。先生達は「全部の友達や先生と意見を一致させる必要もなければ、うまくやっていく必要もない。しかし、それぞれの意見や行動は尊重されなければならない。その中でいろいろ考えて自分の考えを作り上げていくものだ」と生徒達に言い続けている。そして、子供達は小さい時から良い子であることを押しつけられず、自分の意見を肯定され、それでも失敗を繰り返して自分の考えを育んできたから、そう言われて納得できる。

型にはめられた日本の教育

日本にいたころ、私は受験戦争、校内暴力などの真っただ中にいた。ツッパリロックンロール、なめんなよ！　の時代である。そんな中、少し頭のいいほうにいた私は、将来のために小さな失敗は許されず、内申に響くといけないので目立たないようにルールに従い、試験に落ちないように全てを暗記して、笑顔を絶やさず学生生活を送った。一つのミスや落第、浪人などが私の人生の汚点となり、そこから這い上がることはできないというような脅威があり、ストレートで学生生活を送ることをいつも迫られているという危機感があった。何事も〇×や三択の試験の結果で「私」という人間が評価されていた。私という人間の意見や得意なこと、興味を持っていることなどは私の学生生活にはあまり、いや全く関係がなかった。今思えば、校内暴力はそういうプレッシャーに対する子供達の悲鳴ではなかったか？　良い子としてがんじがらめにされていた子供達の中の、そういう風に生きていけない子供達の悲鳴ではなかったか。私は何とかそのプレッシャーの波を乗りこなしたが、みんながみんな、その波を乗り切れなかったということか。「今の教育を見直さなければ」と三十年以上前にいつもテレビで討論されていたが、どのくらい変わったのだろうか？　現在も受験というプレッシャーで子供達はがんじがらめにされ、それに必要なものだけは与えられて、それでも大きなプレッシャーの中にいるのが現状ではないか。

「ゆとり教育」の失敗はなぜ？

少し前に日本でも「ゆとり教育」が始まったと聞いて、喜んだことを覚えている。そして、「ゆとり教育」は失敗だった、学力が下がったと、廃止になったと聞いた。がっかりした。どうして失敗に終わってしまったのか。遠くニュージーランドから見ていて思うことは、日本の子供達にもそして親達も「ゆとりある生活」「人生においてのゆとり」ということを知らないことだろ思う。なぜなら、親自身も受験戦争の中で息切れしながらも生き抜いてきて、仕事に就き、出世のレールから外れないように必死で働きづめ、そして家族を養うことに必死の毎日を送っているのだ。無理もない。ゆとりある生活とは何だろう。

ニュージーランドでは確かに子供達も大人達も時間に余裕がある。その時間を使って子供達は早い時期からチラシ配りなどのお小遣い稼ぎをして、自分で自分の住んでいる地域を知っていき、それと同時に働くということを学んでいく。家では薪割りや草刈り、近所に住む老人のお手伝い、ご飯の手伝い、次の日の自分のお弁当作りをすることで、家族のことや家族の中での役割を果たすことへの責任、そして家事がどのように行われているのか学ぶ。学校の休みの日や学校の課題で親の手伝いをする日には、お父さんお母さんの仕事場で仕事を手伝うこともある。地域の大人に混ざってスポーツも盛んに行い、大人の友人や学校の違う同年代とも知り合う。ちょっとつまらないが家族との団欒やピクニックにも時間を使う。そうやって、学校以外の生きていく上での知識を身に着けていく。でも、不思議なことにそういう実体験が学校での勉強に繋がっていく。

社会の中で孤立する日本の子供達

前回日本に遊びに行った時に、英語塾のお手伝いをする機会があり、日本の子供達に長時間触れて、本当に驚いた。小さな子供達（五歳）は何か課題を与えられないと話すことができなかった。ルールを守るゲーム形式のアクティビティがないと楽しく遊ぶことができない。早く課題を与えてほしいとせがむのだ。小学、中学の子供達と話す機会があった。彼らは両親の職業を知らない。朝、出て行って、夜、帰ってくる仕事と表現した。家で手伝いも家族とのコミュニケーションもなく、テレビを見て勉強してゲームをするのだという。親達は「手伝うくらいなら、勉強していい学校に行けるようにして」と言うらしい。子供達の生活は塾。そして塾で勉強についていけるための補習の勉強。ゲームと学校の友達が娯楽。スポーツクラブに所属し、そこでスタメンに選ばれるために補習でプロが行うスポーツ教室に通う。それ以外の知識も興味もないというのだ。子供達はゲームの話になるまで無言。ゲームの話になると熱弁していた。家族やコミュニティとのかかわりはなく、ひたすら学びは聞き続けていることで満たされていくのだ。そういう生活を通してどうやって「どのように人と関わっていくか」「自分はどう思うのか、何をしたいのか」という人間の根本的に必要なスキルを学んでいけるのか？　試験をクリアするための勉強に明け暮れ、ほかのことはすべて二の次にした生活で、日本のＩＱ平均が上がったところで、そこに彼らが「どのように生きていきたいのか」「その知識をどう活かしていきたいのか」がない限り、社会には還元されず、宝の持ち腐れになってしまうのではないのか。地域の中で全くの孤立した存在である子供達が、自分自身に自信をもって生きていくことはできているのだろうか。

ストレスをためないゆとりある社会

日本の深刻な「いじめ」について考える時、私は大人達にもっと根底から考えてもらいたいと思う。日本の社会全体がゆとりや関わりを取り戻さないと何も始まらない。子供達は良い子であり続けなければならず、自分で考える機会を与えられず、彼らのストレスはたまる一方である。タイガー・ウッズがセックスアディクションになったり、芸能人が薬物に手を出してしまったりするように、人間、常に良い子のままではいられないのではないか。どこかでストレスを発散させなければ爆発してしまう。どこかで心の均整をとらなければ生きていけない。心がゆがんでしまうのだと思う。いじめも同じところからきているように思えて仕方がない。「いじめはいけないこと。やめなさい」と言われて、止められるものではない。それは、「チョコレートは体に悪いから食べるな」と言われるのと似ていて、あまり聞く耳をもてない。子供達が子供達らしく過ごし、自分で失敗を繰り返しながら大人の階段を登っていけるような、遠い昔のゆとりある日本に社会全体が変わること以外にはいじめてしまう子供の心、いじめられても何もできない子供の心、他人事だと目をそむけてしまう子供の心は救えないのではないか。

早急な日本の教育の見直しを

いじめや自殺、親との関係、子供達の学力の向上、想像力、判断力の向上について考えると、日本が教育に対して見直しをしなくてはいけない日はすぐそこだろうと思う。その際、世界で行われている教育について研究するだろう。でも、ただ文献で読んで理解し、ほかの国でうまくいっていることをそのまま日本の教育にくっつけるようなことはしてはいけないと思う。なんとなく「ゆとり教育」はそうだったような気がする。世界各国で教育に携わっている日本人教師はたくさんいるし、日本にもたくさんの教育学者がいるだろう。彼らが頭を寄せて考えることで、日本の日本にしか当てはまらない、ゆとりある、社会的文化的側面に満ちた教育の国の指針を作ってもらいたい。いや、私もできる限りのことはしたい。日本の子供達が、もっと生き生きと暮らしていける日の実現のために。

パート3

大人の職場のいじめと対策

成人の部　優秀賞

職場で続く執拗ないじめ

幸岡　由美

いじめは犯罪、人権侵害！

人間の心には、「善」と「悪」の部分がある。「善」を大きくして生きていけたらよいが、「悪魔の心」に支配されてしまう人達もいる。「いじめ」も、加害者の「心の闇」の映し出しのように思う。

最近はいじめが深刻化しているようだが、いじめ自体をなくすことは、難しいだろう。なぜなら、いじめは加害者の心の問題が大きく影響しているからだ。だが、その渦中にいる人の心を少しでも軽くする考え方、受け止め方を伝えることができればと思い、ペンを執った。気持ちの持ち方次第で、いじめを克服することは可能だということを知ってほしい。心を強く持ち、自分だけは最後まで、自分の味方でいてほしいと切に願う。

最初に、いじめに関わっている人に言いたい。「いじめは犯罪」で、「人権侵害」であるということ。いじめはとても卑劣で、人として恥ずべき行為だ。そして、いじめをする人に幸せな人はいないということも、知っておいたほうがいいだろう。

いじめの加害者は、悪いことをしているという意識が希薄なようだ。その人達は、相手の欠点を探して指摘し、いじめを正当化しようとするが、いじめても良い言い訳など、本当はないはずだ。

心理学的な視点からすれば、相手が自分にないものを持っていて、本当は羨ましくて、妬ましいから、いじめている場合のほうが多いように思う。だが、加害者にとって、それは絶対に認めたくない部分である。本当の問題は、いじめている人の「心にある」のだということを、その人達は分かっていない。もし、いじめをなくそうとするなら、加害者の「心の闇」を解決しない限り、本当の意味でいじめはなくならないだろう。被害者を守ることが先決でも、加害者の心理に対する理解も、同時に必要ではないかと思う。

加害者の心の問題は、家庭環境が影響していることが多い。認められたい、わかってほしいと心の底では思っているが、それらが満たされない寂しさや劣等感がある。だから、誰かをおとしめることで、優位に立とうとする。そんなことをしても心は満たされないのに、自分の心をどうコントロールすればいいのか分からない。本当は、いじめの加害者の心も、救う必要があるのだろう。

加害者の心理を理解できれば、仮にいじめに遭い、ひどいことを言われても、その言葉を真に受ける必要などないことがわかるだろう。必要以上に心が乱され、傷つくことも少なくなる。いじめにあっている人達には、そのことをぜひ知っていてもらいたい。

被害者は、いじめを受けたことを「恥ずかしい」と思う傾向があるが、恥ずべきは加害者。誰も見ていなくても、自分の心は真実を知っている。自分のしたことは、いつか必ず自分に返ってくる。加害者には、過ちを犯してしまったとしても、心から悔い改め、人としての心を取り戻し、生き直すことを選択してほしい。

陰湿な職場でのいじめ

私自身の経験を話そう。私は二十代半ばから三年間、職場の年下女性二人から、陰湿ないじめを受けた。

当時は毎日が地獄で、生きている気がしなかった。何度も会社を辞めたいと思ったが、踏んばり、耐えた。自分が悪いことをしたわけでもないのに、いじめに屈して泣き寝入りをするのは、悔しかったからだ。

私の場合は、その人達からの誹謗中傷、女子更衣室での嫌がらせの落書き、机の中を荒らされる、机の上に唾を落とされる、私の自転車をパンクさせるなど、数え上げたらキリがないほど、本当に色々なことをされた。

特につらかったのは、彼女達が私に対してやっていたいじめを、私が逆に彼女達にしているように、職場の人達に言いふらされたことだ。人から信用されなくなるのではないかということが、一番怖かった。

また、私は工業所で、勤務表彰や、改善提案をたくさん提出したことで、何度か表彰されたことがあるが、彼女達は、私がひいきされていると思っていたそうだ。そういう妬みもあったのだろう。私は認められるためではなく、自分の仕事を頑張っていただけだ。

私が最も悔しかったのは、私が出した改善提案を、彼女達が少しだけいじって、ほとんど同じ提案を、彼女達が先に提出したように操作したことだ。それがわかった時は、「ここまで汚いことをするのか」と、はらわたが煮えくり返るような怒りがこみ上げ、ひとりで泣いたことを今でも忘れない。

会社で一番苦痛だったことは、女子更衣室に入らなければならないことだった。更衣室は職場から離れたところにあった。プレハブで、扉には鍵をかけることになっていた。女性三人だけの職場で、二人はいじめの加害者である。その密室は、いじめには恰好の場所だった。毎日そこに足を踏み入れなければならないのは、地獄だった。そこに入れば、嫌でも私に対する嫌がらせの落書きなどを目にしなければならない。その部屋で、三人だけになる時は、何をされるかわからない恐怖があった。

苦痛に耐えきれず、親友と両親に告白

最初の一年間ぐらいは、いじめにあっていることを誰にも言えず、黙って耐えた。その頃が、一番つらかった。

一方、いじめの加害者である彼女達は、私がつらそうな顔をしたり、落ち込んだりすると、じっと見ていて、ニヤニヤしながら二人で喜んでいた。そういう姿を見

るたびに、ぞっとして、背筋が凍った。

　おそらく、いじめにあった多くの人もそうだと思うが、特に親には、心配をかけたくないから言えなかった。また、「いじめにあっている」ということを、友達に話すのも、抵抗があった。執拗にいじめてくる二人の言葉にも深く傷ついていたので、その言葉を誰かに話すのも嫌だった。

　それでも、「もう限界」と思い、一年ぐらいたってから、やっと親友二人と、両親に話すことができた。それで、だいぶん気持ちがラクになった。

　親友というのは本当にありがたい存在で、私は彼女達に救われた。ほとんど毎週のように、週末になると「遊びに行こう」と、外に連れ出してくれた。私に気分転換させてあげよう、元気づけてあげようという、彼女達なりの思いやり、気遣いが、涙が出るほど、嬉しかった。彼女達には、いくら感謝しても足りないくらいだ。以前人から言われたことがあるが、「人によって苦しめられることもあるが、人によって救われる」というのは本当だと思う。

　それからしばらくして、職場の上司にも、いじめにあっていることを、やっとの思いで話した。だが、「いじめの証拠」を示すことができないうちは、百パーセント信じてもらえないことに落胆した。だが、私は傷つけられた自分の名誉と信頼をどうしても取り戻したかった。ならば、落ち込んでいる場合ではない。「何としても、自分の手でいじめの事実を証明してみせる」と心に誓った。それから私は、「いじめの証拠」を少しずつ集めていった。彼女達にされたこと、言われたことも、時系列的に記録していくようにした。

両親には、話さないほうがよかったかもしれないという思いも残った。なぜなら、そういう話を聞いたら、家族は大きなショックを受け、心を痛めるだろうから。

しばらくして、母が大病を患った。心臓に腫瘍ができ、その腫瘍が飛び散って、脳梗塞を起こした。母は、心臓の手術や脳梗塞の治療のため、入院した。家族全体が、大変な状態になってしまったのだ。母の病気とは直接関係ないとしても、私が話したことで親に心配をかけてしまったことも、心が痛んだ。その後は、家族には「いじめ」のことについては、一切話さないようにした。

私は彼女達に、決して手出しや仕返しはしなかった。だが、私だけでなく両親まで苦しめられたことに対して、憤りを感じた。絶対に、卑怯な人達に屈してたまるかという怒りが、私を支えていたのだと思う。正当な方法で立ち向かい、必ず打ち克ってみせると思った。

私が最初にしたことは、「もう更衣室は使わない」と決め、足を踏み入れないようにしたことだ。毎日朝から、嫌がらせの落書きなどを見ると、気が滅入るからだ。もっとも、更衣室を使用しないとなると、どこで職服に着替えるかでは、本当に苦労した。毎日職服を持ち帰り、早朝から出社して、会議室や倉庫で着替えたりした。私が更衣室を使用しなくなると、彼女達に外で見張られたこともあり、それを撒くのも大変だった。それでも、更衣室に入り、気持ちが落ち込むよりはマシだった。

証拠を示し、上司に相談

ある時、一度だけ更衣室に足を踏み入れたことがある。彼女達が研修で、職場にいないことがわかっていた日だった。それは、着替えるためではなく、「いじめの証拠」を彼女達は、きっと残しているにちがいないと思ったからだ。それを上に示すことができれば、二人が口車を合わせ、「いじめていない」とウソをついても、言い逃れをすることはできない。私には、必ず証明できるという確信があった。更衣室に入ると、案の定、私に対するひどい悪口がホワイトボードやカレンダーにたくさん書かれていた。私はそれらを取り外して持ち出し、上司に見せた。

以前は中立的な立場で、半信半疑の態度を示した上司だったが、それを見て、ことの真相を確信したらしく、「彼女達に注意する」と言ってくれた。上司によると、彼女達は「いじめ」の事実は認めたが、「いじめをやめるように」いくら話しても、最後まで「いじめをやめる」とは言わなかったとのことだった。「また何かしてくるかもしれないが、その時は話してほしい」と言われた。

私は上司に話しても、多分彼女達はいじめをやめないだろうと思っていた。いじめをやめてくれることを、あまり期待していなかった。むしろ逆に、「いじめがひどくなるかもしれない」と思っていた。予想通り、いじめはエスカレートした。これも、多くのいじめの被害者が恐れていることだろう。私は、彼女達から、「上司にチクった」と責められたが、加害者が「チクる」と言うのは筋違いだ。

私は、いじめがひどくなっても、上司や他の人達に真実を知ってもらいたかった。証拠を示し、真実を証明できたら、周囲の人達に信じてもらえると思ったからだ。私がどうしても守りたかったのは、自尊心と、自分と職場の人達との間にある信頼関係だったと思う。

いじめは続いたが、だんだん周囲の人達に「いじめの事実」が知られるようになり、味方をしてくれる人、助けてくれる人が増えていった。「わかってくれる人がいる」という思いがあれば、それが心の支えとなる。つらくても乗り越えていく力がわいてくるのだ。また、お昼休みに、しょっちゅう話を聞いてくれる人達もいた。多くの人に支えられ、助けられたお陰で、私は何とか「いじめ」を乗り越えることができた。

職場異動でいじめから解放されたが

私は、しばらくしてから、上司に「異動願い」を出した。ずっとその職場にとどまる必要はないと思った。二年待って、別の職場に移ることができたが、その頃には、彼女達による「いじめ」は、どうでもよくなっていた。彼女達は相変わらず、「これでもか」というように、執拗に色々なことをしてきたが、それは私を挑発しているのだと分かっていた。私が仕返しをしてくるのを待っていたのだろうが、知らん顔と、無反応を通した。私は人として、彼女達と同じレベルには落ちたくなかったし、自分の魂を汚したくなかった。同じことをしないのは、私のプライドだった。

職場を移れたことで、三年間に渡る「いじめ」からやっと解放された。

私は元気を取り戻したが、彼女達に対する恐怖心は、ずっと長く、私の心に残っていた。

あれから二十年以上たったが、あることがきっかけで、いじめにあったことがトラウマとなり、自分の人生を大きく阻んでいたことが分かった。自分でも気づかなかったが、潜在意識レベルで、人に対する恐れがあり、自分の価値を低く見て、自分に自信が持てなくなっていたのである。こういうことが、「いじめの怖さ」でもあると思う。だから、いじめの被害にあった人達には、絶対に自分の心を守ってほしいと思う。

その後、何度かヒーリングセッションを受け、自らヒーリングを学び、心の傷や、人に対する恐れ、自分自身に対するネガティブな思い込みを解放していった。それは苦しい作業だったが、自分のこれからの人生をポジティブに変えていくためには、やっておかなければならないことだった。

自分の心と命を大切にしてください

あの頃の三年間を振り返ると、私にとって「思い出したくない、忌まわしい時間」であり、「ムダにしか思えない時間」でもあったが、二十年以上たってから、やっと「そういう経験もムダではなかった」と思えるようになった。なぜなら、そういう思いをしたからこそ、他者に対して、決してそういうことをしない人間でいられるし、人の心の痛みもよく分かるようになったからだ。また、これだけ自分の人生を阻み、影響していたのなら、なおさら、その経験を同じ思いに苦悩する人達のために、少しは役立てたいと思った。それが、私の人生の「役割」のひとつかもしれないと思うようになった。自分を生かすとは、そういうことなのではないかと思う。

「いじめ」にあった時、どうすれば自分の心を立て直せるか、どう受け止めたら自分の心を守れるか、人に助けを求めることなど、少しでも参考になれば幸いである。自分にできることをして、それでもダメなら環境を変えることも、考えたらよいと思う。どうか、自分の心と命を大切に守ることを、一番に考えてほしい。そして、その経験を、今度は同じ思いに悩む誰かのために役立ててほしい。それが生きる力にもなるのではないかと思う。

人を変えることはできないが、自分の心の持ち方を変えることで、いじめを克服することができる。自分が変わることで、周囲の状況を変えていくこともできるのだ。

どんな苦境の中にあっても、「自分にはこれがある」というものを持っていると強い。学校や職場だけがすべてではない。違った世界を持つことで、他のことに気持ちを向けることができる。違った人間関係を持つことは大切だ。世の中には、温かい心を持っている人もたくさんいることを忘れないでほしい。決してひとりで悩まず、信頼できる誰かに話してほしい。公的な相談機関を利用するのもいいだろう。視野を広く持つことが大切だ。

最後に、いじめの加害者へ伝えたい。誰かをいじめても、幸せになれないことはわかっているはず。いじめは、誰かの人生を狂わせてしまったり、もしかしたら、命をも奪ってしまうことがある恐ろしいものだということを、肝に銘じてほしい。どうか、これからは人として、恥ずかしくない生き方をしてください。人の心の痛みを知ってください。あなたの心が求めているのは、そんなことではないでしょう。あなたは何のために生まれてきたのでしょうか。その意味を、見出してください。

成人の部 ― 入賞

大人のハラスメント防止策

保坂　剛

私は今年、平成三十年六月末（六十五歳）で約四十二年間のサラリーマン生活を終了しました。この間に、いじめ・嫌がらせなどの「ハラスメント行為」やうつ病などの「メンタル不調による自殺」をいくつか見てきました。私も加害者や被害者に近いことを経験しましたが、当然、どちらも反省することが多く、気分の良いものではありませんでした。また、人間は喜怒哀楽の感情を持つ動物だから、仕方がないとすませてはいけません。学校や人が働く職場などにおいて、各人が仲間を尊重し、トップ層を中心として防止策・禁止ルールを推進していけば、ハラスメントや自殺は減少していくものと確信しています。いくつかの体験談を述べることにします。

昭和三十年代、私が小学生の頃は、「いじめ・嫌がらせ・ハラスメント・うつ病」という言葉は、新聞・雑誌・マスコミで見たこと、聞いたことは、ほとんどなかったと記憶しています。この頃の学校の悪ガキは、自分より喧嘩が弱い者やおとなしい子を揶揄嘲笑することはありましたが、精神的に追い込むような悪質な言動はありませんでした。弱い者いじめしているのを見ると、ガキ大将的な正義の味方が助けてくれたものです。また、「目には目を、歯には歯を」の精神が、親からも教えられている家庭が多く、やられた方は、強い者を連れてきたりして、仕返しをすることもありました。それでお互いがスッキリしていたのです。また、「親が子供の喧嘩に口出しするのは、みっともない」という風潮が強かったので、当然、被害者の親が加害者の家に怒鳴り込むとか、学校にクレームをつけるなどの行為はありませんでした。

昭和三十年代のテレビ番組や映画では「赤胴鈴之助」・「月光仮面」・「水戸黄門」など勧善懲悪ものに人気があり、子供達はその影響を受けていたことも見逃せません。「月光仮面ごっこ」では、正義の味方月光仮面と悪役メンバーをジャンケンで決め、月光仮面役は、家からの風呂敷をマントとして身に着けて遊びました。子供ですので、正義とは、単純に「弱い者を助けることだ」と理解していました。さらに、学校の先生からは道徳の授業時間以外にも、優しさや他人への労わりなどを教わりました。放課後では、野球などのスポーツに付き合ってくれ、貴重な話を聞くことができました。単なる知識以外に良い教育を受けていたような気がします。「三つ子の魂百まで」ではありませんが、この時に学んだ正義・信義・忠義などは、今でも私の精神に宿っています。

学生時代を振り返りますと、私の大学時代、昭和四十六年ごろ、各大学の運動部では、今では問題になりそうなハラスメント（いじめ・嫌がらせ等）が少なくなかったと思います。練習で手を抜いたり、試合中にプレーを間違えたりすると、先輩の鉄拳が飛んできたものです。しかし、先輩達とは普段のコミュニケーションができていましたので、恨みもなく、自分の怠慢を反省したものです。もっと上手くなり、先輩のポジションを取ろうという気持ちが強かったのです。（私はアメリカンフットボール部に所属していました）そして、すぐ暴力を振う先輩は、総じてプレーが上手くありませんでしたので、練習では思いっきりタックルやブロッキングをして、憂さ晴らしをしたものです。

また、その年の練習や試合が終わる時に行う納会では、今で言う「アルコールハラスメント（アルハラ）」的なことは必ず起こりました。特に一年生は恒例のイッキ飲みをさせられ、酒の弱いものは急性アルコール中毒で病院に運ばれることがありました。私も先輩達に無理やり飲まされて、翌日は二日酔いで、授業などは全く頭に入らなかったことを覚えています。この時も、自分の酒の弱さを反省したり、「毎年やっていることだから、仕方がないな」と思うばかりでした。

しかし、このアルハラは昭和五十五年以降に某大学生がイッキ飲みが理由で死亡し、社会問題として取り沙汰されるようになりました。死者を出すような酒宴は言語道断です。せめて飲み会ぐらいは、先輩後輩の上下関係なく楽しくやってほしいものです。複数の人がいるチームでは、宴会で必ず調子に乗る悪漢がいますので、監督・コーチ・キャプテンなどのトップ層は、事前の指導や注意が必要です。納会などの酒宴の場では、飲む前に必ず訓示を述べることが大切ですし、飲めない人のために、ノンアルコール飲料を準備することを忘れないでほしいです。また現在では、選手の重い不祥事が発生した場合は、監督・コーチは退任処分になることを覚悟するべきでしょう。

世間で「いじめ」がクローズアップされたのは、昭和六十一年の「中野富士見中学いじめ自殺事件」（俗に「葬式ごっこ事件」）からと言われています。これは男子中学生の自殺事件で、学級担任がいじめに加担するなど日本で初めていじめ自殺事件として社会的に注目された事件です。この時の裁判は、いじめと自殺との因果関係は認められないとの判決でした。担任の教師がいじめに加担するとは、何てことでしょう。正義の味方になってほしい教師が悪漢になるなんて、私には考えられませんでした。私が良い教師に恵まれたのか、この時代の教師の人間性が低落したのか、非常に疑問を持ったものです。また、世論はいじめられた側に、まだ好意的でなかった時代とも考えられます。

会社勤務をしていた私が、衝撃を受けたのは、平成三年に新入社員が自殺をした「電通事件」です。高額な損害賠償額だけでなく、過重労働についての企業側の民事上の損害賠償責任を認めた初の判断として注目されました。また、過労に対する企業責任のあり方についてのターニングポイントになり、その後の労働契約法での安全配慮義務の明文化につながったのです。

その後、各企業は安全配慮義務の意識は高まり、セクハラだけでなく、パワハラなどの防止に強化したはずです。ところが平成二十七年、同じ電通の、今度は二十四歳の女性が犠牲となったのです。この事件以前にも、ハラスメントや過重労働による複数の事件が、社内で生じていることを耳にしています。これらの事件では過重労働とうつ病との因果関係に焦点が当てられましたが、諸悪の根源にはハラスメントがあったことです。

これは私が勤務していた会社でも同様なことがありました。私は人事部で、労務管理や衛生委員会を中心に担当していましたので、トラブルや事件が発生すると、内容の報告を受けるだけでなく、現地にも出張しました。実際の事件などで実態調査をして判明したことは、やはり、それらがハラスメントからスタートしていることでした。会社の場合パワハラが多く、被害者の部下は徐々にストレス過多となり、メンタル不調になるケースが大半でした。私が担当し始めた十五年ほど前は、過重労働をしている社員は少なくありませんでしたが、うつ病などのメンタル不調になる人は多くありませんでした。それが、平成二十年頃からメンタル不調者が増加し、休職・退職になる人まで発生してきたことを覚えています。

私は人事部担当役員と産業医に相談し、「衛生委員会」を強化することにしました。当時、五十人以上の従業員がいる事業所は、東京（二か所）・名古屋・大阪・神戸・福岡の六か所であり、新たな体制作りや毎月の審議のテーマ作りに苦労したものです。

中でも、会社には労働組合がありませんでしたので、労使で対等に話し合う場に、委員である一般社員が慣れていませんでした。出席はするものの意見等がほとんど出てこないのです。会社業務が多忙だったこともあり、管理職からは、「こんな会議は不要だ！」とか、一般社員からは、「なぜ私が出席しなければならないの？」などの声もありました。会議には、評価される自分の上司をはじめ、半数が管理職で占めるため、一般社員は遠慮せざるを得なかったのです。また、安全衛生や労働法の知識が乏しかったのです。

そこで私が始めたのは、国家資格である「衛生管理者」を育成することでした。私自身も、「第一種衛生管理者」・「衛生工学衛生管理者」資格を取得し、合格させるための研修会・勉強会を開催しました。最初は東京・大阪を中心に行いましたが、事業所からの要望もあり、他の事業所でも開催するようになりました。

平成二十五年頃から三十年までは、社員数も増加してきましたので、十五〜二十事業所で衛生委員会や研修会・勉強会を行ってきました。その成果がでて、各事業所では自主的に衛生委員会を開催し、活発な審議ができるようになりました。また、「衛生管理者」資格の合格者は、延べ約四百五十人となり、職場の安全衛生のために貢献しています。「塵も積もれば山となる」ではないですが、毎年こつこつと啓発活動を続けたことが、合格者の増大につながったと自負しています。しかし、六十歳を超えて、全国を一人で担当したのは、しんどかったです。ただ、従業員が誠実に対応してくれ、楽しく出張できたことは、各地区の皆さんに感謝しています。

さて、メンタル不調やそれによる自殺を亡くすことに少し触れたいと思います。

職場のハラスメントを発生させないという「一次予防」が第一に重要であることを、十年以上続けてきた衛生委員会の担当として実感しました。それらをなくしていくには、職場の一人一人が自覚することと、健全な精神をもつ管理職の指導・教育が原点となります。そして、法的に開催する「安全・衛生委員会」などで絶えず啓発すべきです。私は「衛生委員会」の全国担当として活動してきましたが、啓発活動を継続することにより、職場でのハラスメント事件やメンタル不調者が年々減少してきたことを経験しました。今、若い社員も年配社員も、勧善懲悪的な道徳心は薄れていますので、その精神を植えつけることが重要なのです。その社風は一朝一夕ではできませんので、特に経営トップ層は、自ら率先垂範し、リーダーシップを発揮することが大切です。会社の中長期計画には、「健康経営」の一環として、ハラスメント撲滅を強化すべきと判断します。

今の日本において、超大企業やスポーツ業界などにおいて、トップ層が情けない事件を多々起こしていますが、権力を得た驕りと生まれ持った人間性に根本があると私は思っています。特に人間性は、ある意味では親からの遺伝もあり、大きく変えることは難しい傾向にあります。自分自身の悟りと親身のある人からのアドバイスを聞く姿勢が重要です。若年層の人達は、トラブルや事件の加害者を反面教師として捉え、ハラスメント防止に努力されることを期待しています。

平成三十年十二月十四日、企業にパワハラ対策を法律で義務付けることなどを盛り込んだ報告書『女性の職業生活における活躍の推進及び職場のハラスメント防止対策等の在り方について』が、国の労働政策審議会の分科会で了承され、報告書では、次のことを指針で示すとしています。

①加害者の配置転換などの対処方針について就業規則で規定
②社内を調査する体制の整備
③被害者から相談を受け付ける窓口の設置
④相談を理由とした被害者の解雇などの禁止
⑤関係者のプライバシーを守るためのルール作り

⑥社員研修などによる制度の周知

これらのことは、すでに実行し、防止策などを設けている大手企業は多いのではないでしょうか。私が在籍していた保険会社の例を紹介します。まず、『企業理念』・『行動倫理憲章』でハラスメントに対する会社方針を明確にしています。「私達（従業員）は、差別のない環境だけでなく、ハラスメントのない環境を整備することにも努める必要があります。

…ハラスメントは、従業員による行為かそれ以外かを問わず、物理的な行為に加え、口頭または文書による批評も含まれています。ハラスメントの行為は、暴言、威嚇、などさまざまな形態をとり得るのです。

…セクシュアル・ハラスメントは、どのような形態をとろうとも許されません。

…また、パワー・ハラスメントも、許されません。

…皆さんが、ハラスメントを見た、聞いた、または受けたという場合には、ただちに報告してください。当社は、この報告を迅速かつ徹底的に解決します。当社があなたを報復行為から守りますので、誠意を持って報告することを決して恐れないでください…」

更に、『就業規則』には、ハラスメントの禁止・防止などが記載されており、加害者に対する懲戒処分も条文化されています。今後は条文の内容を強化したり、具体的な内容が加筆されると思います。

次に、発生した場合の訴える機関ですが、社内・社外の両方にホットラインがあり、専門家が対応しています。社内調査は、スキルをもった複数の社員が厳格に行っています。そして、調査内容によっては「懲戒審査委員会」で審議・判断されることになっています。

次に、「④相談を理由とした被害者の解雇などの禁止」ですが、このような被害者を解雇することなどは、現実的には全くありません。加害者の場合は、悪質な言動や法律で罰せられるような言動は、先の委員会の決定により、懲戒解雇することがあります。

次に、「⑤関係者のプライバシーを守るためのルール作り」は当然であり、ルールを従業員に啓発し、徹底しています。

最後の「⑥社員研修などによる制度の周知」ですが、従業員への制度の周知は、パソコンによる学習や集合訓練などで行っています。以上の通り、勤務していた会社では、十年以上前から防止策や啓発活動を推進してきました。これらの活動は平成三年の「電通事件」以降、コーポレートガバナンスを強化してきた企業ならば、おおむね実施してきたのではないでしょうか。ただ、重要なことは、「仏作って魂入れず」ではいけないのです。単なる社内ルールを作ったり、ビデオ教育だけでは、ハラスメントの癖がある人には効果が薄いものです。一人一人の従業員に魂を入れることは一朝一夕にはいきませんが、経営トップ層が率先垂範し、根気よく啓発していけば、従業員は理解し、協力するはずです。私の経験からして、次のことを実施していくと職場のハラスメントが減少していくと考えます。

◆『企業理念』や『行動倫理憲章』を作成したら、従業員に十分啓発することです。中でも、企業トップ層は、各事業所に出向き、説明会などに参加すると効果的です。

◆『就業規則』に条文を作成する場合、労働組合がある会社は、『労働協約』の改定が必要となりますので、協議や団交が発生します中でも経営トップ層と労組幹部とは十分な話し合いを行うと効果的です。

◆社内のホットラインを担当する部署には、対応能力に優れ、倫理・道徳観が豊かな人を配置することが良いでしょう。訴えてくる人は様々です。中には感情的な状態で、敵対視する人を陥れようとする従業員もいます。その時には担当者として、正確な判断が求められます。冤罪を出さない注意が大切です。

◆トラブルが発生し「懲戒審査委員会」にまで持ち込まれた時も、前述と同様です。経営トップ層だけでなく、委員メンバーには、判断力の優れた人を選任することが大切です。

◆部下を持つ管理職は、まず、自分がハラスメントをしてはいけません。自分が加害者となった場合は、会社から重い懲戒処分を受けることを覚悟しなければなりません。部下に対しては、日頃のコミュニケーションを良くし、観察力を養うことです。したがって、管理職自らが、職場のハラスメントに対する学習を十分行うことが大切です。

◆労働組合がある会社は、協議・団交などの場で、ハラスメントの弊害、防止策・禁止ルールを十分話し合い、より良い職場環境づくりに協力を得ることが大切です。労働組合がない場合は、「安全・衛生委員会」を活用し、委員の協力を得るようにしましょう。

◆会社が懲戒処分を決定した後は、社内掲示板などで、懲戒処分（訓戒〜解雇）とその理由などを従業員に知らせ、再発しないよう注意喚起することを忘れないでください。

◆職場のハラスメントを発生させないためには、従業員の自覚を向上させることが必要で、管理職を含めた教育・訓練が大切です。職場で働いている人、すなわち、「経営トップ層・上位管理職・管理職・社員・派遣社員・アルバイト」クラスに関係なく全員に受講させると、一層効果的です。

職場のハラスメントがあるかないかで、生産性は左右されます。職場が良い環境で、良い人間関係を築き上げれば、従業員のモチベーションが向上し、能力を十分発揮できることになります。また、ここ数年は、企業における『健康経営』がクローズアップされており、従業員が健康で働き続ければ、生産性が向上し、株価も上昇することが実証されています。なおＮＰＯ健康経営研究会によれば、『健康経営』は次のように定義されています。

「企業が従業員の健康に配慮することによって、経営面においても　大きな成果が期待できる」との基盤に立って、健康管理を経営的視点から考え、戦略的に実践することを意味しています。従業員の健康管理・健康づくりの推進は、単に医療費という経費の節減のみならず、生産性の向上、従業員の創造性の向上、企業イメージ向上等の効果が得られ、かつ、企業におけるリスクマネジメントとしても重要です。従業員の健康管理者は経営者であり、その指導力の下、健康管理を組織戦略に則って展開することがこれからの企業経営にとってますます重要になっていくものと考えられます。

私が勤務していた会社は、『健康経営優良法人～ホワイト５００～』に認定されました。これは人事部が中心となり、「全社一丸となった健康経営の体制作り」・「長時間（過重）労働の撲滅」・「有給休暇取得率の向上」・「職場ハラスメントの防止・撲滅」・「メンタル不調者の減少」・「衛生委員会での啓発」を行ってきた成果と言えます。

「職場ハラスメントのない会社」そして「健康経営を推進していく会社」は、今後も企業利益は安定し、株主からも評価され、発展していくでしょう。サラリーマン卒業生として、私はそれを期待しております。

第三章

学校現場で入選作文を朗読し、児童生徒に訴える

墨田区立柳島小学校
品川区立浅間台小学校
世田谷区立下北沢小学校
新宿区立富久小学校
青梅市立川辺小学校
青梅市立霞台小学校

「命を守る」朗読会を聞いて

墨田区立柳島小学校四年　いわい　るな

助けたい！

私は『天使がくれた飴ちゃん』を聞く前までは、いじめなんて私にはかんけいのない、ひとごとのように思っていました。そのときの私は、悪口を言っている人をみても、「やめなよ」くらいでした。そのときは、いじめがどれだけ悲しい、つらいのか、まだわかっていませんでした。いじめどころか、いじわるされている人の気持ちすら、よく考えたことがありませんでした。

私は、上野さんの話を聞いてからは、いじめは、どれだけつらいかわかりました。いじめは、きっといじめのけいけんがない人には、ぜったいわからないくらいのつらさだと思います。

私は、ならいごとのプールで、私より二つくらいとし下の男の子に、その子の一つ上くらいの男の子三人が、

「デーブ」「ブタ！」「デブオちゃ～ん！あるけまちゅか～？」

そんなことを言っていました。その言われていた男の子は、いやがっていたけど、自分よりとし上だからか、だまっていました。私は、「いやがっているよ!! やめなよ！　かわいそうだよ！」と、言いました。そしたら、いやがらせをしていた男の子は、

「あっ、ああ」

「…う、うん」

「あっ、う、うん」

三人は、早あるきでこうい室にもどりました。のこったいじわるされていた子は、ないていたのか、目をこすって私の目を見て、「ありがとう」と、笑って言いました。

私は、「うん。だいじょうぶだった？」と言って、男の子は、コクッとうなづい

て、こうい室にいきました。あの子を助けられてよかったです。

私は、きっと、とし下の子があい手だったから、言えたんだと思います。

さいごに、私はこの話を聞いて、「あの天使のようなおばあさんのような人になりたいな」と、思いました。

●●●

きずつけてしまうこと

墨田区立柳島小学校四年　O・M

わたしは、上野さんのはなしをきくまえも、「いじめは」いけないということは、わかっていました。でも、上野さんのはなしをきいて、いじめは、死ぬことにまで、おいつめてしまうことだと、わかりました。わるぎのない人が、いじめやぼうげんをうけるなんて、おかしいと思いました。もちろん、だれにいわれてもなにがあっても、「いじめ」はいけないことだと、つよく思いました。

実は、わたしのけいけんのなかで、何年たっても、わすれられないことがあります。わたしが六さい、一年生のときいじめられている子を、見てしまったんです。でも、わたしはこわくて、なにもいえませんでした。わたしは、いじめられていたあの子を見ると、胸が「ギュー」っていたくなるんです。その子は、いつも、うかないかおをしていたんです。それから何日かたって、みんなからクスクスわらわれるようになりました。はじめは、ねぐせとかでわらっているんだと思っていました。でも、どんどんエスカレートして、足をひっかけてころばせたり、わざと、ちかくで、わるぐちをいったり、わたしは、はじめて、いじめだって思いました。それから何日かたって、あの子は、こんな思いをしていたんどあとわかりました。

わたしは、あの子をつれて先生にぜんぶ、言いました。すると、わたしの心はすっきりしていきました。すると、しぜんに、その子としんゆうになっていました。わたしは、またこのようなことがあったときにも、れいせいに、いじめをうけた子にはなしをきいて、した子にもちゅういをして、たいおうできるように心がけています。

上野さんの話を聞いて

墨田区立柳島小学校四年　K・O

私は、この話を聞く前は、いじめなんかないよ。と思っていました。
でも、私も、友だちにいやがらせをしようと思ったことがあります。それは、二年生の時のことです。私は、Mさんのことをからかおうと思っていました。なぜなら、その日は雨がふっていて、下校の時にやんでいました。そしたら、Mさんが
M「そのかさかして～」と、言ってきたので、
私「何につかうの」と、言いました。
M「あそびにつかうんだよ」
私「かさは、あそびにつかう物じゃないんだよ。もしも人にあたったら、大へんだよ」

M「いいじゃんかして！」と、言われて、かさを取られました。

その時私は、いやな気分になりました。なので、Mさんにも、このいやな気分にさせてやろうと思いました。そこで、Mさんにいやがらせをしよう、そうすれば、いやな気持ちは、おたがいさまだ。そして、友達にこの話をして、一緒にMさんにいやがらせしようと思いました。

でも、よく考えると、この気持ちは、自分だけにしておこう。そうすれば、世界が平和になる力になれると思いました。そのようなことを何度も自分に言いきかせました。そしたらしぜんと、やさしくなれました。これをきっかけに、友達がこのようになっていると、この言葉を言ってあげました。これで友達と、助けられました。

これからは、いやなことがあったとしてもやりかえさないで、もっと広い心を持ち、ぼう力や、わる口を言わないようにしたいと思っています。

「命を守る」朗読会　アンケートより

●墨田区立柳島小学校　四年生担任　田中計子先生より

歌を聴いて涙が出ました。心から、いじめが悪いものだと思うことができました。自分の子どもが、クラスの子どもたちが、いじめが原因で自殺と、思っただけで、悲しく、つらくなりました。

クラスの子供達も、たくさん思うこと、感じたことがあったようでした。一生懸命、感想を書いている様子を見て、とても嬉しくなりました。

ありがとうございました。

●墨田区立柳島小学校　保護者・Aさん

私にも、人をいじめた、人にいじめられたという経験があります。人に出会うということが偶然にもできたので、講師の先生は救われたのだと思いましたが、もしそういう人が現れなかったら、どうなっていたのだろう？　……とも、思いました。実際に、そういう人の方が多いと思います。私の知り合いでも、誰にも頼れず、自ら命を絶った人がいました。だからこそ、困っている人には、声をかけてあげなければいけない、と思いました。

●墨田区立柳島小学校　保護者・Ｉさん

道徳特別授業ありがとうございました。いじめられた人の心の傷や辛さが伝わり胸が痛みました。いじめは、親なら誰もが心配することだと思います。一人真剣に、自分の心の痛みを分かってくれる人がいたら、救われる命があるというメッセージは、すごく響きました。

家庭においては、親子のコミュニケーションやスキンシップを大切にし、子どもの小さなサインに気付けたらと思います。また、子供自身が、自分は自分で良いんだという、自己肯定感が育つよう言葉をかけたり認めてあげたいと思いました。人の心の痛みがわかる人へと成長してもらいたいと強く思いました。

●墨田区立墨田小学校　保護者・Kさん

「いじめ」は、人の心の中を支配し、苦しみはどんどん大きくなってしまう。圧迫感が胸に迫り、重く悲しい気持ちになりました。経験のある子ども、無い子どもにも伝わったでしょうか。子供達には、具体的に表現していただける機会を作っていただけて良かったと思います。オブラートに包んでいては、伝わらないなと感じました。声と音に強いメッセージを感じました。

●墨田区立墨田小学校　保護者・Sさん

いじめを受けている子供の苦しい気持ちがよく分かりました。いじめをしている子供達の気持ちの中に闇があると思います。いじめで自殺未遂に終わり、手を差し伸べてくれる人がいることに気付けてよかったと思う。いじめている側は、〝自分の命は大事に思うが、他人の命はどうでも良い〟と思っている部分があるのでは、と思えた。

●墨田区立墨田小学校　保護者・Ｉさん

体験談による歌が、とても心に響き、うるうるしました。身近でも、たくさん起きていて、死んでしまったりありますので、今以上に、もっとたくさん悩んでいる事例などを聞いて、子供達にアドバイスしていきたいと思いました。朗読も同じ気持ちでした。言葉の暴力等は、本当にツライです。

●墨田区立柳島小学校　三年生・Ｋくん

ぼくは、いじめがどれだけひどい、かなしいことか、この朗読を聞いて、すごくわかりました。ぼくだって、いじめられたら死にたくなりますが、何年も、何年もいじめられたという人は、自分でどう思ったのかなと、すごく思いました。ぼくが、いじめているのを見ている人だったら、たすけられるかわかんないです。なぜなら、こわいからです。ぼくは、この話を聞いて、いいたいけんになったと思いました。

●墨田区立柳島小学校　四年生・Bさん

いじめはとても悪いこと、してはいけないことだと思いました。私は、いじめられている人を見ていたことがあって、その子をいつもかわいそうと思っていました。でも、その時私は力がなくって、そのいじめている子に一言も言えませんでした。でも、今は、自信がないけどぜったいに止めたいです。

●墨田区立柳島小学校　四年生・Eさん

私は、いじめをされないように、あるいはしないようにしたいです。（しません!!）なぜなら、いのちをおとすかもしれないからです。そうならないためには、ふだんからいい子にして、学校ではみんなにやさしくしたいです。いじめられないには、どうすればいいか。ケンカも、いいあいも、ぼう力もそのいじめにつながるとおもいます。なので、それらのことにかんしては、こんごともきをつけるように、いしきをします。これからも、がんばります。

●品川区立浅間台小学校　四年生・Sくん

えんげきがすごく、命の大切さがすごく心にきざまれました。歌では、「いじめられている人」の気持ちや「いじめている人」の気持ちなどがすごくわかりました。これからは、人をいじめたりしないようにし、いじめられている子がいたら、たすけてあげたりできるようになりたいです。

●品川区立浅間台小学校　四年生・Nくん

とべない小鳥をあらためて見て、その歌を作った人の気持ちがその歌を通じて、語りかけていくようなかんじがしました。また、自分の気持ちを優しくできるには、ミネラルが必要なことも分かりました。これからは、にぼしなどミネラルほう富な食べ物もたくさん食べていきたいです。そして、やさしさは、時代や政治を こえることがわかりました。

●品川区立浅間台小学校　五年生・Sさん

今、ニュースなどでネットのイジメで自さつする人がいるというのを見るけど、「そんなにもくるしいんだ」とあらためて思いました。子供にそういう思いをしてほしくなくて、歌をつくった人がいるときいて「すごいな〜」と思ったし、その歌に感動しました。

●品川区立浅間台小学校　四年生・Sくん

江戸時代のげきを見て、国や言葉なんて関係なくて「ありがとう」「だいじょうぶ」などの言葉だけでいいということを強く思った。これからはこまっている人を見かけたら、助けられたらいいと思った。イライラしちゃうときがあるから、にぼしを食べてミネラルを増やしたい。

「命を守る」道徳授業をとうして「命」の大切さを知りとても生まれてよかったと思い、自分の命を大切にして生きて生きたいと思った。

●世田谷区立下北沢小学校　五年生・Sさん

いじめでたくさんの人が自殺していることは知っていた。しかし、その様子を細かく聞いたことはなかった。聞いていて、ショックだった。これほどひどいものがあるかと。私は一生いじめをしてはいけない、人を死なせてはいけないと、自分の中で決断した。

そして、いじめられている人がいれば、手を差し伸べてあげたい。私に現実を知らせてくれて、ありがとうございます。私もおばあちゃんみたいな人間に一歩近づけたのだと思います。

●世田谷区立下北沢小学校　六年生・Mさん

改めて、命の大切さ、重要さを知ることができました。もしも、つらくなって死んでしまいたいと思うことがあったとしても、命はとても大切なものなので、絶対に死んではいけないんだと思った。

歌は、とてもすてきで、私の心にしみました。私はもし、この先いじめを受けている人に出会ったら、あるいはいじめられるようになってしまったら、この授業を思い出して、適切な行動をとれるよう、この授業のことをずっと心に留めて置きたいです。

●新宿区立富久小学校　六年生・Oさん

今日、話を聞いてあらためて、命の大切さについて、知ることができました。私が母親になって、子どもに、つらい思いをしてほしくないと思いました。歌が、とても、心にささりました。

●新宿区立富久小学校　六年生・Oさん

私は、朝ご飯をあまり食べないので、講演により食べてみようと思った。また、音楽もとても心にひびいた。私たちのクラスではいじめがなく、まあまあ仲がいいので、考えてことがなかったので、考えるきっかけになれた。

●新宿区立富久小学校　六年生・Kさん

音楽は、人の心を変えられる力をもっていて、それは食べ物でも同じだな～と思った。人どうしの、かかわりの大切さが、よくわかったのではないかと、自分では思っている。

●青梅市立川辺小学校　四年生・Wさん

朗読・音楽を聞いて、いじめをするのは、もちろんよくないけど、それを見て見ぬふりをするのは、もっとよくないと思いました。前まで、悪口を言われている子をむししていたけれど、今日の話を聞いて、むしせず止められるようにしたいです。

●青梅市立川辺小学校　五年生・Kさん

朗読をきいて思ったことは、じっさいに4年生の時に、いじめをうけていて死にたいと思ったことがあったので、ちょっとまたきおくがよみがえるのはいやだったけど、話を聞いたら、すごくいい話でよかったし、泣いてはいないけど、感動しました。

●青梅市立川辺小学校　五年生・Oさん

私は、四年生の時いじめられて「私なんかこんなところにいなくていい、死んじゃえ」と思った時があったけど、ママが「だいじょうぶ」といってくれて、ゆうきをもてたけど、やっぱ学校に行くのがこわくて、2週間ぐらい休んじゃったけど、「私は一人じゃない」と思いました！

音楽や作文を読んでくれた、小川さやかさん、ありがとうございます。これからもいろいろがんばります！　みなさんもありがとうございました！

●青梅市立川辺小学校　五年生・Sさん

朗読も音楽もすごく悲しい気持ちになりました。いじめを受けた人はもちろん、いじめている人も、ただ見ている人も、いやな気持ちになるので、やっぱりどの人から見ても、いじめは良くないなぁと、思いました。

●青梅市立川辺小学校　五年生・Iさん

私は高校生のいじめのお話を聞いて、すごく悲しいお話だと思いました。私は全国でいじめなどがなくなってほしいと思いました。おばさんは、あのあとどうしたのかなと思いました。でも、あーゆうおばさんがいたからこそ、高校生のいじめがなくなったので、私もこまってる子がいたら、なやみを聞いてあげたいなと、思いました。

●青梅市立川辺小学校　五年生・Sくん

音楽を聞いて、みんなはそんな感じで、いじめにあっていることが分かりました。自分がいじめられている人を見たら、ぜったいにいじめにあった人を、なぐさめます。朗読は、本当に感動しました。本当にありがとうございました。

●青梅市立川辺小学校　五年生・Kさん

最初、歌を歌ってもらったとき、いじめられている人も、いじめてる人も、それを見ている人も、つらいということがよくわかりました。実際にいじめを体験した人が作った歌だからこそ、つらいのが、よくわかりました。

●青梅市立川辺小学校　六年生・Kくん

今日のお話などは、しっかり心に入れて生活して行きたいです。ぼくは、一回いじめたことがあり、相手の気持ちなど、そんなこと考えているとは、考えていじめてませんでした。今日の話を聞いて一人ひとりの命を大切にしていこうと思いました。今日は本当にありがとうございました。

●青梅市立霞台小学校　五年生・Kさん

イジメは、人を死においやってしまうものです。朗読を聞いて、イジメで本当に死んでしまおうと思う人がいることをあらためて感じました。イジメはぜったいにやってはいけないもの。いじめられていい人はぜったいにいないこと。いじめをさせてはいけないこと。などを私は守って学校生活を過ごしていきたいと思います。

●青梅市立霞台小学校　五年生・Mさん

朗読で思ったこと、それは自分にもあること。私はずっとその女子高校生と同じことを思っています。ママがうざかったりして、ストレスがたまったりして死にたいなと思ったりしました。

私はケイタイを持っていないので、「いじめダイヤル」などに電話するのができなくて、こういう特別授業があってよかったと思います。なぜなら、女子高校生の気持ち、私のような人の気持ちが分かるからです。

これからも、こういうイベントを続けてほしいです。私は身近に、話せる大人がいないので、先生にも相談しようかなと思いました。

いじめ・自殺ストップ作文集

発行日　2020年7月22日　　初版第1刷発行

企画・編集……………NPO法人 再チャレンジ東京
〒163-0238
東京都新宿区西新宿2-6-1
新宿住友ビル38階　ビューティフル・レイ内
TEL 090-3069-6920　FAX 03-6431-9464
平林 朋紀

発　行　者……………佐藤 今朝夫

発　行　所……………株式会社 国書刊行会
〒174-0056
東京都板橋区志村1-13-15
TEL 03-5970-7421　FAX 03-5970-7429
http://www.kokusho.co.jp

デザイン
イラスト……………株式会社 ビュロー平林

印刷・製本……………三松堂株式会社

JASRAC（出）2002793-001
Printed in Japan ISBN 978-4-336-07029-6